プロ野球監督に仕える「参謀」の役割

常勝チームを作る「最強ミーティング」

橋上秀樹
Hashigami Hideki

KANZEN

はじめに

2020年2月11日、野村克也さんが亡くなられた。突然の訃報を聞いたのは、かつて野村さんも私も在籍していた、楽天が春季キャンプを張っていた沖縄県の金武町だった。あまりにも唐突に訪れた別れに、ただただ驚くしかなかったが、同時にヤクルト、阪神、楽天時代の思い出が脳裏をよぎった。

野村さんから教わったことは枚挙にいとまがない。ヤクルト時代に「変わること」の大切さを学び、楽天時代にはヘッドコーチとして野村さんのそばにいたことで、『ノムラの考え』をより深く理解できた。

試合後のホテルでの食事でも、野村さんとは深夜遅くまで必ず共にした。現役時代のエピソードを聞き、ワンプレーごとの考え方を学び取ることによって、野村さんが求めていたデータや効果的な作戦を、いつ、どのタイミングで提案すればいいのか、折に触れて知ることができた。これは、今でも私の大きな財産となっている。

また当時はこんなこともあった。ある試合で、ノーアウト一塁という場面が訪れたとき。野村さんがベンチの中で、

「ここはバントだよな。そうだ送らせたいところだよな……」

とブツブツ言っているのを聞いて、私はバッターボックスの選手に送りバントのサインを出した。これまでも作戦面は野村さんが決断し、それを聞いた私が選手やコーチにサインを出す、というスタイルをとっていた。いつものシーンの、よくある場面。私はこのとき何の迷いもなく、そうとらえていた。

図らずも、こちらの思惑どおり、送りバントは成功した。ワンアウト二塁になって、次のバッターに勝負の行方を託す……となった直後、

「おい、橋上！」

野村さんからいつもと違う、ただならぬ雰囲気の声が上がった。

「どうかしましたか？」と聞いたら、

「バカ野郎！　誰がバントのサインを出せなんて言ったんだ！」

怒り心頭ではないか。私はすぐさま、

「監督が『ここは送りバントだ』とおっしゃっていたので、私はそのとおりサインを出しただけです」

と答えた。すると、

「何だと……」

野村さんの怒りのボルテージは、ますますヒートアップしていく。私が呆気にとられていると、続けざまにこう言葉が返ってきた。

「何言ってんだ！　あれはオレがボヤいただけだ！　勝手にサインなんか出すんじゃねえぞ！」

「ええっ!?　それはないでしょう」

私は内心、苦笑いしつつも、「すみませんでした」と謝った。野村さんらしいエピソードと言えばそれまでだが、「ボヤキ」を「作戦」と間違えてとらえてしまったことは、今振り返っても懐かしい思い出である。

楽天のヘッドコーチ退任後は、1年のブランクを経て、ＢＣリーグの新潟で1年（２０１１年）、巨人で3年（２０１２～２０１４年）、再び楽天で1年（２０１５年）、西武で3年（２０１６～２０１８年）、ヤクルトで1年（２０１９年）と、気づけば足かけ14年も指導者としてプロ野球界で仕事を続けることができた。これも多くの方々の尽力によるものだと、この場でお礼を述べたい。

私の指導者人生でのターニングポイントは、楽天で野村さんと過ごした4年間、巨人で原辰徳監督の下で指導した3年間、西武で辻発彦監督の下で指導した2年間、それぞれにある。巨人では球界初の戦略コーチとして、3連覇のお手伝いをすることができた。また、この間にWBC（ワールド・ベースボール・クラシック）でも戦略コーチを務め、世界の大舞台を経験し、西武ではパ・リーグで初めてリーグ優勝を味わえたのは、私にとって貴重な収穫になった。

こうしたプロセスを経た私が、もっとも腐心していたのは、『参謀』が果たすべき役割である。ヘッドコーチも戦略コーチも肩書は違うものの、『参謀』という言葉に当てはまるものだと私は考えているのだが、野球界における参謀とは、どういうスタンスであるべきなのか。

今や12球団を広く見渡しても、ヘッドコーチと名のつく人は数多くいる。プロ野球ファンも、監督のそばにいて何やら会話をしている姿を、テレビ越しに見て取れると思うが、「いったい何を話しているんだろう？」と気になる人も多いはずだ。

そこで、本書では、「参謀としてのあり方」、「参謀とはどういう立場であるべきか」などについて、これまで経験してきたエピソードを基に、みなさんにお伝えしていけたらと考えている。今年は新型コロナウイルスの影響で、プロ野球の開幕が無期限の延期となり、野球に限らずさまざまなスポーツ競技に影響を及ぼしている。何かと暗い話題が多い中、野球界における参謀の存在意義について、あらためて知っていただければ幸いである。
最後になるが、私のプロ野球人生にもっとも影響を与えてくれた、野村克也さんのご冥福を心よりお祈りしたい。

橋上　秀樹

目次

第3章

プロ野球における「戦略」の重要性

第4章 戦略が必要な選手、必要のない選手の違いとは

第5章

優勝するうえで必要な参謀の能力とは

第6章

選手から慕われる指導者、選手から拒否される指導者の違いとは

第1章

今の時代、『参謀』に
求められるスキルとは

今の時代に通用しない『ノムラの考え』とは

かつて仕えた野村さんには、野球にとどまらず、人生においても大切なことを教えていただいた。私が指導者として長く野球界に携わるようになってからは、しばしば「指導者としてあるべき姿」について考えさせられた。

当時話していたことのひとつに、「指導者は選手たちと一定の距離を置いて威厳を保つ」というものがあった。なるほど、たしかにコーチと選手が和気あいあいとした姿を見せてばかりいると、いざという窮地に陥ったときに、選手に対して威厳が保てず、甘く見られてしまう。そうした甘さを排除する意味においても、野村さんは選手と一定の距離を置いていたのだろう。

ところが――。

ヤクルトのコーチを務めていたときに、時代が変われば人間の気質も変わっていくものだと思い知らされた。

私は指導者になったときから、選手をニックネームで呼んだことは一度もなかった。苗字を呼び捨てで呼ぶのが当然だと思っていたからだ。しかし、2018年の秋、ヤクルトで『コミュニケーション能力を構築するための研修会』に参加した際、「私の考え方はあらためたほうがいいのかな？」と気づかされた。

こんなシーンがあった。研修会の講師から、

「あなたは選手のことを、どう呼んでいますか？」

と聞かれたので、「苗字を呼び捨てで呼んでいます」と答えると、

「それは今すぐにでも止めてください。選手との距離を縮めて、親近感を増やそうとするのであれば、ニックネームで呼ぶようにしてください」

と返されたのだ。私は一瞬、たじろいでしまった。なぜなら、選手をニックネームで呼ぶことに違和感があったからである。

「どうしてもニックネームで呼ばなければならないのですか？」

講師に続けて質問すると、

「苗字で呼んでいては、今の選手たちはついてきませんよ。『頑固で頭の固い人』だと思われてしまいます」

と、にべもなく断言されてしまった。

「野村さんの考え方でやっていてはダメなのか？」

その日の研修が終わって、ひとりになったときに、私がもっとも苦手にしていた、「若い選手とフレンドリーに接すること」について、頭の中で思いを巡らせていた。

私は、選手に対して威厳を保つのが当たり前だったため、「苗字で呼ぶなんて頑固で頭の固い人」といった選手側の視点など、一度も想像したことすらなかった。ある意味、指導者として新しい発見であった。

私の指導の根幹は、野村さんの考え方がエキスとなっている。これは間違いない。選手に対する言い方にしても、「個々の選手の性格を見極めて話すようにしなさい」とよく言われていた。

たしかにそうだ。繊細な性格のAという選手と、少々叱られただけではへこたれない性格のBという選手では、物事を伝えるときに違いが出たとしても、おかしな話ではない。たとえば注意するとき、前者は諭すように話すこともあるだろうし、後者の場合は状況次第だが、厳しい言い方のほうがいいと判断することも考えられる。

けれども、今の時代の指導者は、すべての選手に対して親しみやすさを感じさせる能力が求められている。昔のやり方に固執したままでいると、「あの人は指導する能力が欠けている」というレッテルを貼られてしまう。

『ノムラの考え』にあった内容がすべて正解ではない。何か気づいたことがあれば、状況に応じて考え方を変えていく必要があると、このとき痛感したのである。

作戦面も進化していくことを念頭に置いて指導する

『ノムラの考え』が通用しなかったのは、これだけにとどまらない。実は作戦面においても、通用しない点があった。

たとえば「ピッチャーがキャッチャーの出したサインに首を振ったら、一塁ランナーは走る」というもの。ピッチャーがキャッチャーのサインに首を振ったときには１００％、球種についての意思疎通を行うものだから、ピッチングに集中している証拠だ。それゆえに牽制球を投げてくる確率はグンと低くなるので、盗塁をすれば成功する確率が高くなる、というわけだ。

かつてはこの作戦を実行すれば、高い確率で決まっていた。ヤクルトではもちろんのこと、楽天時代もこの作戦は使っていた。試合の中で一度でも決まれば、仮にヒットやフォアボールでランナーが出塁したとしても、一塁に釘付けしておくことができる。そうした意味においても、効果的な作戦のひとつだったのだ。

だが今やこの作戦を用いても容易に成功しない。野村さんの教え子が12球団に散ったため、ピッチャーがキャッチャーのサインに首を振ったときに牽制球を投げるようになり、一塁走者が惑わされることなくしっかり帰塁するケースが増えた。つまり〝弱者の戦法〟が12球団に知れ渡った結果、通用しない作戦も出てきたというわけだ。

だからこそ、私はこう考えている。指導者たるもの、時代が流れていくとともに、指導法や作戦面については、常に見直しを図り、通用しなくなったと思われるものについては、バージョンアップしていく姿勢を持つべきだ。

今、良しとされている指導法や作戦面については、いずれは通用しなくなるという認識を持っておく。そうすれば、指導者自身も時代にマッチした指導力を発揮するものだと信じている。

さらに言えば、通用しなくなったと思われる作戦であったとしても、時代が進めばまた使える場合があるかもしれない。そのためにもこれまでに蓄積した情報はストックしておきつつ、現状と照らし合わして使えるかどうかを、逐一チェックしていくことが大切だ。

「データの与え方」は、チームや選手によって変わってくる

参謀という立場で常に注意していたのが、「選手へのデータの与え方」である。私が所属した楽天、巨人、西武ではそれぞれ違うデータの提供をしていた。

まず楽天の場合には、対戦チームの映像を一緒に見ながら、「こう攻めたほうがいい」「ここは気をつけなければならない」などと、コミュニケーションをとりながらデータを与えるようにしていた。当時の楽天で己の実力を信じてプレーしていたのは、岩隈久志（現巨人）と田中将大（現ニューヨーク・ヤンキース）ら、ほんの一握りの選手だけだった。それゆえに、野村さん自身が、「首脳陣と選手が考え方を共有して戦うほうが、勝利に近づ

くのではないか」と考え、こうしたスタイルで臨んでいたのも、また事実である。

一方、巨人時代には楽天と違って映像を見てデータを与えるようなことはしなかった。なぜなら巨人は打者では阿部慎之助（現巨人二軍監督）、高橋由伸、長野久義（現広島）、坂本勇人ら、投手に目を向けると、内海哲也（現西武）、山口鉄也（現巨人三軍投手コーチ）、杉内俊哉（現巨人二軍投手コーチ）など、完成されている選手が多かったからだ。

楽天で5年間指導してから巨人に戦略コーチとして行ったとき、もっとも驚かされたのは、技術力の高さだった。

たとえば「追い込まれたら、相手バッテリーはアウトコースのスライダーを選択してくる割合が多い。そのボールを狙っていこう」と指示したとする。楽天の選手はそのボールを仕留めるのに、3球程度を必要としていたが、巨人の選手はもののみごとに一発で仕留めてくれる。「巨人はレベルの高い選手が揃っているんだな」と、あらためて思い知らされたのである。

だからこそ、彼らには楽天時代のように、全員でミーティングをするのではなく、試合前、あるいは試合中に、彼らが必要としているデータだけを与えて、それを自分なりの方法で落とし込んでもらうだけで十分だった。

そのうえで私がもうひとつ、加えて行っていた作業がある。

「ネガティブな要素を捨てて、ポジティブになるような言葉を与えてあげる」ことだった。

たとえば阿部の場合、一見図太そうに見えるものの、根は繊細な心の持ち主である。当時、攻守ともにチームの柱だった彼は、ピッチャーが打たれてベンチに戻ると自分自身を追い込み、イライラしている様子が見て取れた。そんなときには野球以外の何気ない会話をして、ネガティブな感情を消し去ってあげる。そうした配慮も、大切だと考えていたのだ。

他の選手に対しては野球の話を中心に、大胆かつ繊細なアドバイスをするように努めた。たとえば高橋は、寡黙であまり自分を表に出すタイプではなかったが、野球に対して真剣に向き合い、常にうまくなりたいという向上心を持っている選手だった。

彼の場合は、

「次の打席はこういうアプローチをしてみたらどうだ？」

「次の守備のときは、もう少し右中間寄りに守ったらどうだろう？」

などと、私が見ていて気づいたことを提案するときもあった。

すると、時間が経つにつれ、徐々に高橋のほうから、「こんなときはどうしたらいいですか？」と、質問してくる機会が多くなった。そこで私も、高橋が必要としそうな情報を、あらかじめ多めにストックしておき、適切な情報をチョイスして的確に答えるようにしていた。


弱いチームの場合は、「組織でデータを共有する」。

強いチームの場合は、組織ではなく、「一人ひとりが力を発揮するようなデータの与え方をする」。

このようにチームの強さ（言い換えるならば完成度、あるいはレベル）によって、データの与え方は大きく変わってくるというわけだ。

西武のバッターたちに指示していたこと

2016年から3年間、所属した西武は、思い出深いチームのひとつである。若い選手が多く、秋山翔吾（現シンシナティ・レッズ）のように、すでに完成されている選手もいれば、山川穂高、森友哉のように、まだまだ粗削りだがこれから先、着実にキャリアを積み重ねていけば、将来がとても楽しみだという選手もいたからだ。チームとしても発展途上にあったので、とてもやりがいを感じていた。

その西武において、データの与え方については楽天、巨人とはまったく違うアプローチの仕方をした。スタッフが用意した膨大なデータの中から、「自分に必要なデータ」だけをチョイスしてもらい、それを頭の中に叩き込んでから試合に臨む。結果的にデータが外れる場合もあるが、そのときは新たなデータとして書き加えられ、さらにデータをバージョンアップさせていく……というやり方だ。

そこで私の役割である。楽天、巨人時代とは違って、「自分本位でプレーしている選手に、言葉を投げかける」ことで、自分本位のプレーからの脱却を図っていた。

西武打線は上位から下位まで、打撃のよい選手がズラリと揃っている。これはまぎれもない事実である。けれども、状況に応じたバッティングのできる選手が少なかった。平たく言えば、チームバッティングに対する意識が欠如していたのだ。

たとえばノーアウト二塁という場面が訪れたとする。この場合、強攻してヒットを打って得点することができればベストだが、そう簡単に事は運ばない。野球は確率のスポーツである。10回打席に立って、3回ヒットを打てれば高い評価が得られるが、反対に7回も凡退するというリスクもある。

そんなとき、自由に打たせるのではなく、あえて右打ちをさせてワンアウト三塁という場面を作り出すことができれば、次の打者が外野フライを打てば1点が入る。つまり、「得点を奪うための、確率の高い野球をしていく」ことができるようになるわけだ。

野球は、「ヒットをどれだけたくさん打つか」という競技ではない。「相手チームよりも1点でも多く取って、逃げ切れたら勝てる」のだ。そのための作戦として右打ち、すなわちチームバッティングをさせる——。その重要性を、私は日ごろから西武の選手に言い続けていた。

このとき大切なのが、「右打ちを徹底させるとき、どんなボールを狙っていけばいいのか」である。相手ピッチャーの力量や、キャッチャーのリードの傾向、内外野の守備位置からして、「どういう攻め方をしてくると予想されるか」を念頭に置き、適宜アドバイスをしていたのである。

チームによって、選手に与える情報は変わってくる。もちろんすべてがすべて、データを与えたとおりにうまくいくわけではないが、ありとあらゆる状況を想定して、適切かつ選手が納得できる情報をピンポイントで与えられるかどうか。それこそが、参謀の腕の見せどころなのである。

参謀が持っていなければならないスキルとは

参謀に必要な条件は、少なくとも2つあると、私は考えている。

ひとつは、「自分の野球哲学を、自分の言葉で選手に伝えることができる」。もうひとつは「広い視野で物事を考えることができるうえ、監督によってカラーを変えていける」ことだ。2つのうちの、どちらかが欠けていては、参謀は務まらない。

それでは反対に、「どんな人物が参謀に向いていないか」と聞かれれば、答えはひとつ。「みんなから『いい人』と言われている人物」である。

周りから「いい人」と言われるような人は、「これだけは絶対に譲れない」といった、自分の信念を持っていないことが多い。その結果、その場その場で意見を変えてしまったり、あるいはなかなか決断できずに優柔不断だったりする。百歩譲って、「当たり障りがない性格」というのは、その人の持っている長所と言えるかもしれないが、こと参謀という立場に当てはめると、短所にしかならない。なぜなら選手に自分の考えを断言して伝えることができないからだ。

これはある球団で実際にあった話である。

対戦相手の先発ピッチャーは、150キロを超えるストレートに加えて、スライダー、フォークボール、シュート、カットボールを駆使して投げる、いわゆる本格派のタイプだった。そこで首脳陣と選手全員が集まってのミーティングを行い、

「このピッチャーを攻略するにはどうすればいいのか」

という具体的な意見を、監督がヘッドコーチに求めた際、こう答えたという。

「アウトコースに落ちるスライダーは抜群です。インコースにはシュートを投げてきます。高めのストレートにも力があるので、捨てていくべきでしょう。そうそう、カットボールも邪魔なボールですね」

そこで監督は、

「よくわかった。それでどの球種を、どう狙っていけばいいんだ？」

と訊ねたら、なんとそのヘッドコーチは答えに窮してしまい、

「そうですね……」

と言ったきり、しばらくの間沈黙してしまった。そして出てきた答えが、

「真ん中付近の甘いボールを狙っていきましょう」

と、素人でも考えそうな結論を平然と口にしたそうだ。これにはさすがに他の首脳陣も苦笑い交じりに、

「いやいや、相手は一流のピッチャーなんだから、そう簡単に甘いところには投げてこないだろう」

と、もっともなツッコミが入った。

結局、その後のミーティングで別のコーチが対策法を話してみたものの、やはり具体性に乏しい回答しか得られず、あやふやな状態のまま試合に臨んだら、案の定、完封負けを食らってしまった。「本当にプロか？」と思えてしまうほどの、あまりにもお粗末すぎる話である。

たしかにこれほど完成されたピッチャーは、容易には攻略できない。だからこそ、監督は有効策を聞きたかったのだろうが、作戦面を信頼して任されていたはずのコーチが答えられないというのは、あり得ない話である。

私が想像するに、このコーチは自分の考えに自信がないのか、あるいは攻略するための重要なポイントまでは考えていなかったのかのどちらかだったのだろう。いずれにしても、考え方が浅はかだったことは間違いない。

ではなぜこのような人が、作戦面を担うような重要な職務に就けたのか。聞けば、「周囲の人たちと波風立てずに、穏やかな人間性が評価されていたから」だったそうだ。残念ながら、このようなタイプの人は参謀には向いていない。「私はこう考えている」と自分の考えを強く主張できる一面がないと、作戦面を指示する参謀にはなり得ないのだ。

それでは先ほどの監督の質問に対して、私の場合ならどう答えるのか。こんな具合だ。
「投球数の割合からすると、アウトコースのスライダーを投げてくることが多いので、右バッターは、アウトコースに目付けをして、右中間を意識して反対方向に打つように心掛けたほうがいいと思います。

左バッターの場合ですと、スライダーはほとんど投げてきません。むしろアウトコースに逃げていくシュートを投げてくる確率が高いので、左バッターの場合も、右バッターと同様にアウトコースに目付けをして、左中間方向に打つバッティングを意識するのがいいと思います」

さらに監督から、「それならストレートはどうすればいいんだ？」と聞かれるかもしれない。そのときは、

「インコース高めのストレートは力があります。このボールを打ったら、大半がポップフライになってしまう。狙うとしたら、アウトコース寄りのストレートのほうがとらえる確率が高くなると思います」

ここで監督はひとつの結論を出した。

「つまり、アウトコースのボールに目付けをしたほうがいい、ということか。ようし、わかった。みんな、今日の試合は『アウトコース寄りのボールの見極め』を頭に入れて打席に立ってくれ」

こうして試合における『チームの方針』が完成されていく。ひとりのピッチャーを攻略

するための注意事項を、首脳陣と選手全員が共有できれば、一貫性のある作戦になるというわけだ。つまり参謀の果たすべき役割として、チームの狙いを一本化するための意見を具申できるかどうかが、重要なのである。

もちろん試合前に練った作戦どおりにいかず、相手が

「今日はインコース中心の配球にしていこう」

などと、裏をかいて、やられてしまうことだってあるだろう。

だが、それも経験ととらえて、新たなデータとしてバックアップしておき、次回対戦するときに活かせばいい。そう割り切った考え方ができることも、試合で勝つために重要なファクターとなる。

不調のときや自信の持てない選手への声の掛け方

選手に自信をつけさせる、あるいは自信を取り戻す言葉を持っていること。

参謀に限らず、指導者全般に求められるスキルである。

一軍で何年も活躍し続ける選手でも、シーズンを通してずっと好調が続くなんてことはない。好不調の波を繰り返し、乗り越え続けながら、シーズンを戦い抜いていく。そうして一年、また一年と時が過ぎ、実績を重ねていくというわけだ。

このことは野球に限らず、誰にでも当てはまるが、好調時は特別何か言葉を掛ける必要がない。誰が見ても堂々としているときには、黙っていても結果を出しているのだから、遠くから見守ってあげるだけで十分なのだ。

問題は不調に陥ったときである。好調時とは打って変わって、見るからに落ち込んだり、焦ったりしている場合がある。そんなときには「もっと頑張んなきゃダメだ」「死ぬ気ではい上がってこいよ」と、力ませるような言葉を掛けなくてもいい。

なぜなら、本人にしてみれば、必要以上に頑張っているのにもかかわらず、結果に結びついていかないからだ。そんなことくらい、本人が一番よくわかっている。もがいてもあがいても、上昇気流に乗っていけない。だからこそ相当フラストレーションがたまり、爆発してしまうことだってあるかもしれない。選手本人が「もっと頑張れって、どう頑張ればいいんですか?」と声を掛けた指導者に食ってかかってこないとも限らない。

私の場合、不調で必死にもがいている選手に対しては、

「焦らず、一つひとつ階段を上っていけばいいんだ」

と、肩の力を抜くような言葉を掛けてあげるようにしていた。

ピッチャーであれ、バッターであれ、不調時の脱出法に「これが効果的だ！」という策など、そう簡単には見つからない。日々の練習の取り組みの中で、あれこれ試行錯誤しながら、自分が追い求めた形を見つける。これしか方法がないと思っている。

さらに言えば、

「もう一度、原点に立ち返って取り組んでみたらどうだ？」

と声を掛けることもある。野球の技術というのは、基本を積み重ね、それを自らがアレンジしてオリジナルに変えていき、さまざまなケースに対応できるように応用していくものだ。けれども、応用ばかり追い求めていると、一番大切な基本をおろそかにしている、あるいは頭の中から抜け落ちてしまっている、という場合もある。

それだけに「原点に立ち返る」という発想を持つことは、大いに意味がある。忘れていた何かを思い出すきっかけにもなるし、それによって不調から立ち直ることもあり得るからだ。

また、苦手としているピッチャーやバッターと試合で対戦するときにも、指導者が掛けてあげる言葉が重要となる。ときには、

「失敗は恐れるな。もし失敗したときには、責任はオレがとるから、思い切ってプレーすることだけ考えなさい」

と言ってあげることもいいだろう。

どんな選手でも、成功体験の数が少なければ、必要以上に慎重になる。それが却《かえ》ってマイナス要因となり、ネガティブな方向に考え、悪いほう、悪いほうへとどんどん転がってしまう。まさに、負のスパイラルとなってしまうのだが、一度このサイクルにハマってしまうと、自力で脱出するのはなかなか難しい。

それだけに責任の所在を、自責ではなく、〝他責〟に切り替えてあげれば、

「そうか。だったら思い切ってやるだけだ」

と覚悟を決められるようになる。選手からしてみると、ポジティブに考えられるようになれば、余計なことを考えずにプレーに集中できる。つまり、選手の不安要素を排除できる言葉を指導者が持つことで、選手が結果をネガティブに考えず、ただただ全力を出し切

ることだけに集中できるようになる。

自信を持てないときは、たいてい「失敗するかもしれない」「失敗したらどうしよう」というネガティブな気持ちに支配されている。こんなときに「頑張れ」と精神論を前面に押し出した言葉を掛けるのではなく、肩の力を抜いたり、勇気が持てる言葉を掛けたりすること。それによって、成功する確率はグンと高まっていくはずである。

「メモをとること」の重要性

試合中、気になることがあったら、メモをとる。指導者の立場になってからは、勝つために重要なファクターであると考えるようになった。

メモの中身は、おもに相手バッテリーの配球についてだった。

具体的には、

「バッターのタイミングが合って、ファールボールを打った後のボールは、どんな球種を投げていたのか」

「ピッチャーが首を横に振った後は、どんな球種を投げていたのか」

「カウントをとるボールは何を投げているのか。そしてウイニングショットには何を投げているのか」

「相手のキャッチャーがレギュラーでない、控えの選手が出てきたときには、どういった配球の傾向があるのか」

などである。もし2回、3回とイニングを重ねるごとに、何かしらの傾向をつかんだりしたときには、たとえ試合中であっても、選手には逐一伝えるようにしていた。相手バッテリーはバッターを抑えようと必死に向かってくる。1打席目に打たれたら、次の打席では、「何が何でも抑えてやろう」と、配球を変えてくることがよくある。反対に1打席目を抑えたとしても、次の打席でさらに予想外の球種を選択するケースだってある。

つまり、いかなる状況にも対応していくために、相手の傾向を読み取らなければならない。選手は結果を出すことに必死で、こうした傾向にまでは頭が回らないことが多い。そこで私が試合中に気づいたことをメモに記録して、何かあれば個々の選手に伝えていく、というやり方をとっていたのだ。

だが大半以上のコーチは、「メモをとる」という習慣がない。メモを書いているとしても、スコアブックのように、バッターとピッチャーの結果を記録しているだけに過ぎない。私に言わせれば「スコアブックを書いて、何がわかるんだろう」と思ってしまう。そこからわかることは、バッターであればどこにどう打ったのか。ピッチャーであれば何球投げて、どこにどう打たれたのか、あるいは抑えたのかという結果だけだ。相手バッテリーの傾向などはまったくつかむことができない。

メモをとるからには、スコアブックの内容と違う情報でなくてはならない。そこを理解せずに漠然とメモをとっているようでは、有益なデータを入手することなど、到底できないのである。

その点で言えば、西武の辻監督は私と同じ内容のメモをとっていた。試合中に気がついたことがあったら逐一メモをとってコーチに伝え、あるいは試合後のミーティングに活用していたのである。

試合中は「生きたデータを収集する」絶好の機会だ。そのとき必要なデータを入手できるか、できないかは、「どういう視点でメモをとるか」にかかっている。

2008年3月15日、ロッテとのオープン戦。野村監督と試合を見守る（千葉マリンスタジアム）

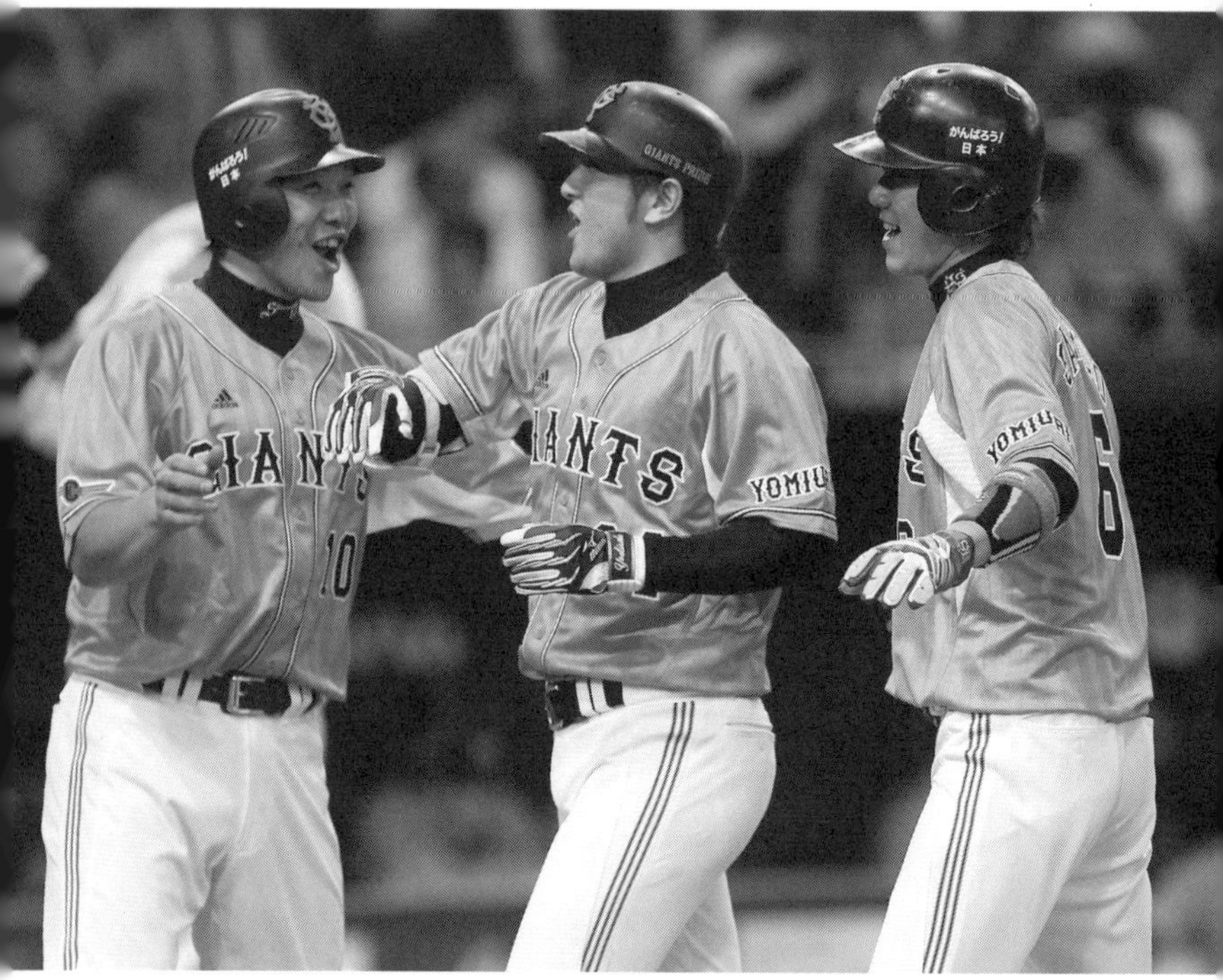

2012年5月16日、交流戦・巨人対オリックス。1回に満塁本塁打を放ち阿部、坂本に祝福される
高橋由伸（東京ドーム）

2018年10月18日、ＣＳファイナルステージ・西武対ソフトバンク。1回、先制の３点本塁打を放った栗山を祝福（埼玉・メットライフドーム）

第2章

3人の常勝監督が
参謀に求めたもの

野村さんが必要とした『参謀』と『データ』

楽天時代、野村さんが必要とした参謀は、さまざまなデータについて、事前に先回りして準備しておくことのできる人間だった。

「このピッチャーは、2ボール2ストライクになると、どんなボールを投げてくることが多いんだ?」

「このバッターは、どこによく打球を飛ばすんだ?」

「このバッターと一塁ランナーの組み合わせだと、ヒットエンドランを仕掛けてくる確率は高いのか?」

試合は一球ごとに状況が目まぐるしく変わっていく。そうした展開にいち早く対応できるデータを、参謀が伝えなくてはならないのだ。

もし即座に答えることができなければ、野村さん自身もストレスがたまっていく。それでは本当の意味で、野村さんの下では参謀は務まらない。

かくいう私も試合中に、野村さんから質問攻めを受けた。たとえばノーアウト一塁で、

バッターのカウントが2ボール1ストライクになると、

「ヒットエンドランのサインを出したいんだが、このカウントだと相手バッテリーはこれまで何度外してきたんだ？」

そこで私は、「これまで一度も外していません」、あるいは「今シーズンは2度外したとデータにあります」など、すぐに答えられなくてはならない。しかもその直後、次のボールがストライクで、2ボール2ストライクになると、

「このカウントだと、ピッチャーはどんなボールを多く投げてくるんだ？」

というように、一球投げるごとに質問が変わってくる。そのときも「アウトローのストレートです」「真ん中からアウトコースにスライダーを投げてきます」というように、即答できなければならない。

そのために参謀としてやっておくべきことは、

「監督が必要としそうなデータを、あらかじめ下調べをして準備しておく」

ことである。準備を行うのは試合前の数時間しかなかっただけに、私も早めに球場入りをして、膨大なデータをファイルにまとめておいた。そのうえで、何を聞かれてもすぐに取り出して答えられるように、データ整理を常に怠らなかった。

「そんなに収集していたら、データがますます複雑になっていくんじゃないのか？」

そう疑問に思う人もいるかもしれないが、実際は真逆で、データを集めれば集めるほど、答えはシンプルになっていった。

たとえば相手ピッチャーに関する情報を収集し、『カウント別』『イニング別』『状況別』と分類していく。すると、

『このカウントになると、変化球が来る』

『試合の前半はストレート中心のピッチングだが、後半になるとストレートと変化球の割合が半々になる』

『ランナーが一塁と二塁にいるときとでは、バッターに対する攻め方が変わってくる』

というように、データが増えれば増えたぶんだけ、相手がどう攻めてくるかの傾向がハッキリ見えてくる。だからこそ、野村さんに聞かれたことに対して、明確に進言することができたのだ。

野村さんは、質問したことに対して、遠慮なく意見が言える人物を参謀として高く評価していた。反対に、何も言わない、あるいは何も言えない人物は、「何を考えているのかわからん」と、あまり信頼していなかった。

現場のトップである監督に意見ができるということは、『データの収集や解析に自信がある証拠』である。だからこそ、自分の意見をハッキリ言える人を、参謀として傍らに置いていたのだ。

このとき私が身につけたデータの収集と解析の仕方が、後に巨人、西武に移籍してからも大いに役に立ったのは言うまでもない。

二軍の選手を参謀がチェックするワケ

野村さんの下で二軍から若い選手を一軍に上げるときには、私が自ら二軍の球場に足を運び、くまなくチェックしていた。半年に及ぶ長丁場のペナントレースは、現有戦力だけで乗り切れるほど、甘くはない。

そこで「二軍の首脳陣の言葉を信じて、一軍に上げればいいじゃないか」という考え方もあるかもしれないが、私はそうはしなかった。なぜなら、本当に一軍で通用するレベルの選手なのかどうかは、一軍のプレーを常日頃から見ている私のほうが、冷静にジャッジメントできるからだ。

たとえば一軍に中継ぎで通用しそうなピッチャーを上げたいと思っていたとする。当然、二軍の首脳陣からは具体的な名前が出て、

「彼は今、すこぶる調子がよくて、二軍戦ではビシバシ抑えている」

という報告が入った。けれども、彼らが言うところの「調子がよくて」というのは、二軍のレベルだから通用しているだけなのかもしれない。つまり、一軍で投げたら、調子がいいどころか、滅多打ちに遭ってしまうという可能性も大いにあり得る。だからこそ、自分の目できちんと見て確かめておきたかったのだ。

もうひとつ挙げるならば、野村さんは二軍の選手を一軍に上げる際、必ずと言っていいほど、

「どうしてその選手を上げるんだ?」

と質問してきた。そこで、もしも「二軍の首脳陣が『調子がいい』と言っていました」などと言おうものなら、

「どうして推薦者であるお前自身が見ていないんだ? 見ていないのに、そんな言葉を鵜呑みにしていいのか?」

間違いなく、そう返ってくる。

つまり、こうしたときに野村さんに誰かから聞いた〝伝聞〟の話をするのは、タブーだったのである。

これが私の目できちんとチェックしていれば、

「今、一軍にはイキのいいストレートを投げる、中継ぎのピッチャーがいません。彼ならその役割が果たせるはずです」

「彼はランナーを背負ってからのほうが、ピッチングが冴えわたります。前のピッチャーがピンチを作ったときには、うってつけの人材だと考えています」

などと具体的な根拠を説明できる。すると監督も、

「そうか。そこまで言うなら一度上げてみようじゃないか」

という流れになって、一軍昇格の言質をとることができた。そうして私が推薦してきた選手が、言葉のとおりに活躍すれば、

「次回からお前さんの推薦した選手を一軍に上げようじゃないか」

と信頼を得ることになる。だからこそ、私は定期的に二軍の試合をチェックしては、一軍で今、必要となる選手の見極めを行っていたのだ。

トップが求めているのは、現場で見てきた意見である。これは野球に限らず、ビジネスの現場でも使えるに違いない。

一軍で必要な選手の見極めを行うとは、裏を返せば、「人を見る目を養う」ということにもつながる。このようにチームにとって貴重な人材を発掘していく作業を労を惜しまずに行うことも、野村さんが参謀に求めたスキルなのである。

辻監督の指導は時代にマッチしたやり方だ

時代に合わせた選手の指導法――。それこそが西武の辻監督の指導スタイルである。

ここ数年、スポーツ界の暴力問題が尽きない。女子レスリングに始まり、アメリカンフットボール、ボクシング、大学駅伝、女子アイスホッケー……と、組織のトップや指導者が相次いで辞任した。指導者から選手に対する言葉の暴力、ひどいものになると身体を殴るというものもあった。もはや昔と同じような指導は許されない。そのような中で、今の若い選手をどのように指導していくのがチームにとってベストなのか。

この点で言えば、勝つために、選手としっかりとコミュニケーションをとるという、辻監督のやり方は理にかなっていて、選手との信頼関係を時間をかけて積み上げていった。

たとえばエラーをした選手がいたとする。エラーをした選手の心中を考えれば、穏やかではない。ベンチに戻ったときに、「バカヤロー」と首脳陣から怒られることだって、相当覚悟をするはずだ。

けれども辻監督はエラーをした選手のところに近づいていくなり、

「どういう考えであああいったエラーをしてしまったんだ？」

と必ず確認していたのだ。なぜそのポジショニングだったのか、グラブの出し方はどうだったのか、周囲を守るプレイヤーと事前にコミュニケーションをとっていたのかなど、事細かに聞いていけば必ず原因が見つかると考えていた。

しかも「ミスをした直後に選手に聞く」というのが、重要なポイントだ。選手本人も素直にミスをした場面を振り返って話をしてくれるし、お互いが納得して、「よし、次からは気をつけていこう」と前向きに話を終えることができる。そうして同じ間違いをなくしていこうと、努めていたのだ。

さらに驚いたのは、選手とコミュニケーションをとりながらも、威厳を保つことができていたことだ。野村さんは選手と一定の距離をとることで威厳を保っていただけに、私にとっては新たな発見だった。

また、辻監督は不振にあえぐ選手を、本拠地であるメットライフドームに隣接する西武第二球場に呼び出すと、自らバッティングピッチャーを務め、選手のバッティングフォームをチェックしたりもしていた。

「こちらが見ておかないと、何がどう変化したのかがわからない」というのが、辻監督の考えだった。

「ミスしたときにどう対処すればいいのか」をお互いに話し合うことで、欠点を修正していく。辻監督はこうしたコミュニケーションを地道に積み重ねていくことで、常勝西武を取り戻そうとしていた。

それまでの西武は、80年代から90年代前半までの黄金時代のような、投打のバランスがとれた野球ができずにいた。打力はあるが、チャンスに弱い。投手のコマは揃っていたが、つまらない四球から崩れていく……。そんな試合が多く見られ、優勝を遠ざける一因にもなっていた。

そこで状況に応じた打撃を徹底させ、足の速い選手にはグリーンライト（盗塁をするかしないかの判断を、塁上にいる選手本人に任せる）を認めるなど、選手の能力を最大限に引き出すことに全力を注いだ。その結果が２０１７年の2位、そして翌18年のリーグ優勝につながっていったのである。

時代に適応した指導法を推し進めていくやり方は、簡単なようでなかなかできるものではない。ともすれば、昔のやり方に固執してしまった結果、監督と選手の心が離れていくなんていうことは往々にしてある。

だが、そうした悪しき慣例を見直して、今どきの選手に合わせた指導のできる辻監督のやり方を、多くの指導者は見習うべきだと感じている。

原監督はどの監督よりも「勝つことへのこだわり」が強かった

指揮官である監督であれば、勝利に対する飽くなきこだわりを必ず持っていなければならない。しかし現実問題として、実は勝負どころで「勝利への執念を見せられる人」というのは、案外少ない。

そうした中で、勝利への執念をもっとも感じさせてくれたのは、原監督だった。

私が楽天のヘッドコーチ時代、巨人と対戦したときの話である。試合終盤のノーアウト一塁という場面で、打線の中軸を任されていた阿部慎之助が、送りバントをした。どう考えても阿部本人が送りバントを率先して行うタイプのバッターだとは思えず、これは原監督からの指示だと直後に読み取った。

このとき、隣にいた野村さんがこうつぶやいた。

「この場面でチームの中心選手に送りバントのサインを出すなんて、すげえことやるな。オレだったら、クリーンナップを打つ選手に送りバントのサインを出そうなんて、これっぽっちも考えたことないよ」

私が「それはどうしてですか？」と質問すると、野村さんはこう答えてくれた。

「送りバントを出されたときの心情を考えてみろよ。『オレのこと、信用してくれないのか』って、プライドがズタズタになるかもしれないじゃないか。原はチームの中心選手にそこまでできるんだな」

たしかに野村さんが、クリーンナップを打つ選手に送りバントのサインを出したケースは、ほとんど記憶にない。当時、弱かった楽天であっても、チームの中心選手に対しては、プライドを尊重していたように思える。

けれども巨人は違った。「ここで1点を奪えば勝てる。そのためにはどうすればいいのか」を考えたときに、原監督は迷わずに主力選手に送りバントのサインを出せる監督なのだ。野村さんの話からもわかるように、この作戦は簡単にできるようで、なかなかできるものではない。

驚いたのは、その直後の巨人ベンチの雰囲気である。阿部ほどの実績のある選手が送りバントをしたからと言って、ベンチ内に殺伐とした雰囲気は一切ない。送りバントを決めた阿部に対して、「ナイスバント！」と、コーチや選手が阿部とハイタッチをして、阿部自身も笑顔を浮かべていた。これは、チームプレーがベンチにいる全員に浸透していたからに他ならない。

もし、個人プレー重視で勝利するようなチームだったらどうなるか。おそらく監督の出したサインに不満の表情を浮かべたり、仮にバントを決めたとしても、ベンチ裏で荒れるような態度を出すことだって、容易に想像できる。

さらに言えば、たとえばチャンスの場面で、広島の鈴木誠也に送りバントのサインを出せるだろうか？　あるいは、ヤクルトの山田哲人に送りバントのサインを出せるだろうか？　仮にあなたが監督だとして、送りバントとヒッティングとどちらの選択をしたほうが得点を奪えるかと聞かれれば、普通ならば後者を選ぶだろう。

けれども巨人では、阿部が送りバントを決めたように、そういった選択をしないときもある。よく原監督が「個人軍より巨人軍」というフレーズを口にしているが、これは言葉のとおり、個人プレーよりもチームプレーを重要視している証拠なのだ。

そのうえチームの中心選手に送りバントのサインを出すということは、「いいか、この場面が今日の試合の勝負どころになるぞ」と、暗黙のうちに選手全員に伝えているという側面もある。言葉に表すよりも、作戦で広く知らせるというやり方によって、選手自身がここ一番の集中力を発揮させる。ベンチから「覚悟を決めて打席に立つんだ」とメッセージを送っているわけだ。

さらに原監督は、普段から選手とコミュニケーションをとっている。だからこそ、いざという場面でも意思疎通が図れていたのだ。そのうえで選手に対して威厳を保てるというのは、野村さんとの大きな違いである。

昨シーズンも、優勝のかかったシーズン終盤の試合で、アレックス・ゲレーロが送りバントを決めたシーンがあった。ゲレーロはプライドが高く、ホームランへのこだわりが人一倍強い選手だと聞いていたが、送りバントを決めた直後、憤慨するどころか、笑顔で「成功させたよ！」とベンチ内で喜んでいたと聞く。勝つために必要な策を、ゲレーロ自身も理解していたからこそ、自己犠牲の精神を働かせることができたのだ。

巨人は他のチーム以上に勝つことが求められている。その一端を阿部の送りバント、さらには成功させた後に発した野村さんの言葉から思い知らされたような気がしている。

『9番・村田』を非情ととるか？愛情ととるか？

巨人の原監督は、「非情」と「情」を持ち合わせた監督である――。このことは2012年から3年間、指導者として在籍したときに、よく理解できた。

まず「非情」の部分。2013年交流戦のオリックス戦でのことだ。前年、FAで横浜から巨人に移籍してきた村田修一を『9番・サード』で起用したのだ。

それまでにも不調のときには7番を打たせていたことがあったし、1回裏の守備機会が終わった段階で交代させたこともあった。けれども、どんな策を講じても、あまり代わり映えのない成績だったので、喝を入れる意味合いもあったのだろうが、これには本当に驚いた。

村田は横浜時代、ホームラン王を2度獲得したことのあるバッターだ。巨人は彼の長打力を期待して獲得したわけだが、村田自身、巨人に入って横浜との違いを大いに感じ取っていた。

そのひとつが、横浜と違って、巨人は相手チームに常にエース級のピッチャーを当てられたことである。村田が在籍していた当時の横浜は、チーム力が低迷していることもあって、相手チームは経験の浅い若手や、実力が未知数の新人といった、実績の乏しいピッチャーを登板させることもしばしばあった。

だが巨人は違った。相手チームは、高い確率でローテーションの中心を担うエース級ばかり並べてきた。どうにかして巨人を倒そうと躍起になっている。ピッチャーの力量が横浜時代とはあまりにも違うものだから、本人も内心は面食らった部分もあっただろう。けれども原監督にはそんな言い訳は通用しない。

「巨人というチームでいくつものプレッシャーを乗り越えていくことで、真の実力がついてくる。だからこそ、ここからはい上がってくるんだぞ！」

原監督の無言の叱咤激励だった。少々の不調が続いたとしても、村田には乗り越えてほしい――。これを非情ではなく、情と考えることもできるかもしれない。

村田も原監督の期待に応えようと必死だった。それまでバットを頭の上に高く掲げた構えをしていたが、顔の下までグリップを下ろす構えに変えた。本人いわく、大学時代以来の構えにしたのだが、これによって夏場以降に打棒が爆発。7月と8月は2ヵ月連続で月間MVPを獲得するまでに至り、前年に引き続いて巨人の2連覇に貢献したのだ。

これは誰にでもできることではない。前の項でお話しした阿部の送りバント同様、選手に反発されたらチームは空中分解してしまう。他のチームであれば、まったく考えられない起用法である。

しかし原監督は躊躇せずに『9番・村田』を実行した。本人のいっそうの奮起をうながしたからだが、これを非情ととるべきか？　それとも情ととるべきか？　傍から見たら非情のように映るが、当の本人からしてみれば、

「たとえ9番でも、試合で使ってもらえるのならばありがたい」

と感謝していたかもしれない。そう考えていたからこそ、村田は腐らずに努力をし続けたのだと見るべきだ。

情があるから、小笠原をスタメンから外すことに苦悩した

情を持つことで、指揮官としての決断を迷わせる。特にチームが不振のときに、それが致命傷につながりかねない。そうした事態を避けるためにもあえて、「非情な決断を下せるかどうか」が、大きなポイントとなる。

2012年シーズンの4月下旬。私は巨人に戦略コーチとして来た1年目だったが、開幕からスタートダッシュにつまずき、連敗に連敗を重ね、チームは最下位のどん底にあった。そうして迎えた神宮球場でのヤクルト戦にも負けてしまい、試合後に原監督が首脳陣を集めて緊急ミーティングを行った。

その場で原監督が開口一番、

「今、チームは低迷期の真っただ中にいる。打開策があったら率直に言ってほしい」

すると、あるコーチはあの選手をスタメンに起用したほうがいい、あるコーチは打順の入れ替えを検討したほうがいい、と言っていたが、原監督は「うーん……」と首をひねり

ながらじっと下を向いたままだった。原監督の姿を見るに、おそらくは自分が求めていた答えではなかったに違いない。

そうして「橋上、お前さんはどう思うんだ？」と原監督から聞かれたので、こう答えた。

「小笠原（道大）の起用法に悩んでいるんじゃないですか？」

すると原監督は、

「よく言ってくれた」

そう返してくれたのだ。そして続けざまに、

「そうなんだ。オレも小笠原についてどうしようか考えていたんだ。たしかに彼はチームの功労者だが、これで踏ん切りがついた。今後は小笠原の起用を見直そう」

少ししてからミーティングは終わった。翌日、スタメン表を見たら、『小笠原』の名前はなく、別の選手の名があった。

小笠原は２００６年オフに日本ハムから巨人にＦＡで来たとき、原監督自ら動いて獲得した経緯がある。07年からのリーグ3連覇は、小笠原の存在なくしては語れないし、その後の2年間も巨人の主力としてチームを支えてくれた。

だが、このときの小笠原は、衰えが見え始めていた時期だった。本人にしかわからない

見えないズレを修正するのに、必死なように見えた。これまでチームに貢献した実績があるうえに、不振を打破したいと、もがき続ける小笠原を見ていたら、原監督とて、おいそれと簡単には外せない。だからこそ迷いに迷っていた。

けれども、チームは低空飛行のまま、上昇する気配を見せることなく連敗が続いている。現状を打開し、チームが浮上するきっかけをつかむためのカンフル剤を、原監督は探していた。そして、たどり着いたのが、「小笠原の起用法について見直す」という結論だったのだろう。

実は巨人に来るまで原監督とは、会話らしい会話をしたことが一度もなかった。当初はお互いぎこちない雰囲気もあったのだが、私は遠慮なく、自分が思ったことを率直に伝えるように心掛けていた。参謀という立場であるのなら、監督に忖度することなく、ありのままの現状を伝えることも必要だと考えたからだ。そしてこのミーティングを境に少しずつ会話をする機会が増えていき、信頼関係を構築していった。

原監督と接していく中でわかったことは、「選手を常にフラットな目で見続け、選手の実力を公平に見ることのできる監督」であることだ。だからこそ、このとき不振にあえいでいた小笠原の起用法について見直すのは自明の理だったのだが、これまでの貢献度や必死にもがき続けている姿を見て、迷っていたのだろう。つまり原監督の持っている情の部分が、小笠原の起用法について見直せずにいたのだ。

結果的に、このあたりを境にチームは上昇気流に乗ってきた。夏場に首位に躍り出ると、2位以下を引き離し、3年ぶりのリーグ優勝と日本一を果たしたのだ。

原監督が小笠原をスタメンから外したのは間違いなく正解だった。けれども、気持ちのどこかで一片でも情が入れば、冷静な判断を下せなくなる。

彼はチームにとって功労者であり、特別な存在だ。もう少し待つべきか――。

いや、チームが低迷している今は、彼を一軍から外したほうが、チームは機能していくんだ――。

監督が重要な決断を下す際、迷いがあると感じたときは、参謀がそっと背中を押してあげることも、時には大切な役割である。チームが勝つために、日頃から冷静に分析している立場であるからこそ、物事を客観的に判断し、それを言葉にする能力も、参謀は持ち合わせていなくてはならない。

選手にも、コーチにも「こうしてほしい」と要望を出さなかった辻監督

選手に伸び伸びとプレーしてもらいつつ、勝利を手繰り寄せる。西武の辻監督はこう考えながらチームを指揮していた。

西武は2018年、19年とパ・リーグ連覇を果たした。私も2018年のリーグ優勝の場に立ち会っているから、辻監督の采配については理解しているつもりだ。

辻監督は現役時代に、広岡達朗さん、森祇晶さん、野村さんの指導を仰いだ。引退後は、中日の落合博満さんの下で指導を行っていた。広岡さん、森さんと言うと、選手を管理しながら采配していたというイメージが強いが、辻監督はまったくの逆である。自主性を大切に選手が気持ちよくプレーすることを一番に心掛けていた。

ただし、一点だけコーチや選手たちに注文を出していた。それは、

「相手よりも1点多く上回って勝つには、どういう作戦が有効なのか。そのことだけは徹底して考えてほしい」

であった。前の項（24ページ）でも書いたように、野球は相手チームよりもヒットやホームランを多く打てばいいという競技ではない。9回までに相手より1点でも多く点を取れば勝ちが決まる競技だ。辻監督は常に、いかに効率よく得点を奪えるかを重要視していた。さらに言えば、辻監督は何よりも選手の能力を信用していた。この点は間違いない。選手たちにはこういう技術を身につけてほしいと、要望を出すようなことはなかった。

それは私たち、コーチ陣に対しても同じだった。

私は戦略コーチという肩書きで西武に招聘されたが、辻監督と作戦面の話は一切なかった。「選手にこういう策を講じてほしい」「今日はこんな試合になるだろうから、6回以降の代打起用を考えておいてくれ」といった具体的な要求は一度もなかったのだ。

こう言うと「監督に信頼されていないからじゃないのか？」と思う人もいるかもしれない。しかし私以外のコーチ全員に対しても、同じような接し方をしていた。だから、「監督はコーチ陣に何を求めているのか？」と戸惑った人も多かったように思える。

私は2015年秋に西武に招聘されたとき、フロントから「作戦面を中心に、手腕を発揮してほしい」というミッションを与えられていた。私が赴任したときの監督は1歳下の田辺徳雄だった。田辺は私が西武のコーチに就任したいきさつを、フロントから聞いていたようなので、お互いの意思疎通がとれて、指導力を発揮しやすい環境を作ってもらうことができた。

けれども、辻監督は違った。私自身、チーム内でどういう役割を果たせばいいのか、明確につかめずにいた。

そこで、私は球団関係者にこんな要望を出した。

「私はチーム内でどんな役割を果たしていけばいいのか。辻監督と球団とで統一した意見を出してもらえないでしょうか」

最後まで、その回答がもらえなかったことで、私は最後まで職域や役割を見つけられなかった。この点に苦労していたことは、本当に心残りである。

「自分の思い描いた野球」を実践して、西武を連覇に導いた

西武時代、辻監督は強い信念の持ち主であるということを、会話の端々からもよく理解できた。自身の野球スタイルを聞かれたとき、辻監督はこう答えていたことがあった。

「オレはＩＤ野球はやらないからな」

野村さんの下でプレーしていたからと言って、野村さんのような緻密な野球をやるわけではない。かと言って、打撃が弱いのならば、投手力で勝っていくという落合さんのスタイルでもない。野村さんと落合さんに共通しているのは、「適材適所にピッチャーを揃えて勝つ」という野球だった。

けれども辻監督は中村剛也、山川穂高、森友哉らを中心とした強力打線を武器に、チームをリーグ2連覇に導いた。その反面、投手陣を見れば、2年連続でリーグワーストの防御率となり、投打のバランスに著しく欠けていた。岸孝之（現楽天）、菊池雄星（現シアトル・マリナーズ）、野上亮磨（現巨人）、牧田和久（現楽天）ら、チームのローテーションを担っていたピッチャーがＦＡなどで相次いで移籍し、経験の浅い若いピッチャーを中心に勝負せざるを得なくなった。ピッチャーで勝っていくには、それ相応の場数を経験していることが重要だ。けれども悲しいかな、西武には、プロの舞台で幾多の修羅場を超えたピッチャーはほとんどいない。

そこで辻監督が出した結論は、

「ピッチャーではなく、バッターの力で勝っていくチーム作りをしよう」だった。

もちろんこれは正しい選択だ。今の戦力で勝てるチームを作るなら、それが最短かつ最善の答えであるのは間違いない。

ただ、指揮官としてこだわりの強い部分が、コーチの役割をあいまいにしてしまったとも言える。その点が私にとって難しい部分であったのは事実だが、チームを強くするには頑なな信念が必要だと、辻監督の姿勢からあらためて学ばせてもらった。

「勝って当たり前」のチームで指導するのは、本当に難しい

勝って当たり前のチームで指導するのと、負けてもともとのチームで指導するのとでは、どちらのほうがプレッシャーはかかるのか。その答えは、間違いなく〝前者〟である。このことは巨人で指導する機会があった3年間に、強く感じたものだ。

巨人は常勝であり続けなければならない。毎年、ファンから優勝への注目度は高い。そうした機運の高まりを下げることなく、期待どおりのシーズンを送る……なんてことはなかなか難しいが、それでも実際に優勝争いに絡むシーズンが多い。

　こうしたプレッシャーと、巨人の選手は常に向き合っている。『勝てば官軍、負ければ賊軍』という言葉がまさにピッタリ当てはまり、メディアも巨人が勝てない試合が続けば必ず、「原因はここにある」と称した粗探しが始まる。彼らは、「巨人を叩けば売れる」と考えている。だからこそ、飛ばし記事（取材をせずに書く記事）もシレッと書くことがある。

　私自身、巨人はどんなチームなのか、それまで想像したことなどなかったが、組織としてもしっかりしているし、選手たちも実に紳士的な振る舞いをしていることもわかった。多くのメディアの注目にさらされ、否が応でも、たくさんの人に見られているという意識が巨人の選手にはある。こうした目に見えないプレッシャーとも戦っていかなくてはならないので、公私ともに襟を正すべきという考えを持っていた。

　このような環境下でプレーすることで人間性が磨かれていく。「人に見られている」という意識が働くことで、周囲の人に対する気遣いも覚えていく。

　たとえば坂本勇人。私はコーチになった当初、「若いときの池山（隆寛）に似ていそうだな」と考えていた。坂本と池山は共通点が多い。兵庫県出身であること、身長が180センチ以上あること、ショートを守っていること。そしてヤンチャな部分もそうではないかと思っていた。

だが、いい意味で期待を裏切られた。坂本は、裏方の人に対して非常に丁寧に接しているし、何よりも練習熱心で最後までグラウンドに残っていることも、たびたびあった。自分で課題を見つけてはそれを克服しようと、一心不乱にバットを振ったり、あるいはノックを受けたりしている。坂本のひたむきな姿を見て、こうした選手が巨人を強くしているのだなと、その強さの一端がわかるような気がした。

反対に私が2005年から在籍した当時の楽天は、端的に言えば、「負けてもともと」のチームだった。無理もない。野村さんが監督になる前年、つまり球団として創設1年目のときは、97敗もしていた。「140試合しかない中で、どうすれば97も負けられるんだ?」と思う人もいるかもしれないが、それほどまでに弱かったのである。こうしたチームは、勝ち方を知らないわけだから、選手一人ひとりが経験を積んで、チームと個人のレベルの両方を上げていくしか方法がない。

だが、負けてもともとという意識が働くチームは、負けても失うものは何もないという玉砕覚悟の精神が生まれる一方で、試合展開が劣勢になれば、「やっぱりダメだったか」と、心のどこかに逃げの意識が働いてしまう選手が多い。特に競った試合になると、最終的に競り負けてしまうシーンがたびたび見られた。

反面、序盤までに7、8点を奪うと、さらに2点、3点と追加得点を重ねていくという試合もよく見られた。「明日にまでとっておけないものかな」と大量得点で勝った試合ではよく感じていたものだ。

だからこそ、当時の楽天には野村さんの考えが必要だった。負け犬体質から脱却し、強いチームになるための階段を一歩ずつ駆け上がっていかなければ、優勝はおろかAクラス争いなど夢のまた夢、という状況になってしまう。

「勝って当たり前」のチームでプレーする、あるいは指導するということは、野球人としてやりがいを感じる一方、勝利に対するプレッシャーとも戦っていかなくてはいけない。巨人のユニフォームを着ている以上、そうした緊張感と向き合っていかなくてはならないと学び取ることができたことは、私にとっても大きな財産である。

2007年3月17日、巨人とのオープン戦。試合前に握手する原監督と野村監督（東京ドーム）

2017年8月17日、楽天にサヨナラ勝ちし、完封した菊池雄星投手をねぎらう辻監督（埼玉・メットライフドーム）

第3章

プロ野球における
「戦略」の重要性

強いチームと弱いチームの「決定的な違い」とは

強いチームと弱いチームの決定的な違いは何かと聞かれれば、私は迷うことなく「勝ち方と負け方に違いがある点」を挙げる。

強いと評されるチームは、『競り勝ち、大差負け』の試合が多い。つまり、競った試合だと無類の強さを発揮するが、試合の中盤までに大勢を決してしまうと、後は流し気味にプレーしがちになる。

反対に弱いチームにありがちなのが、『競り負け、大差勝ち』である。接戦になると、試合終盤の勝負どころでポカを犯してしまう。反対に初回からガンガン得点を重ねるようだと、最終的には2ケタ以上の得点をして大勝を収める。

見ているほうからすると、大差勝ちをしてくれるほうが、気分爽快に思えるかもしれない。だが、実際に現場で戦っている者からすれば、

「競り勝ちしてくれないと、チームは乗っていけない」

と考えてしまうものだ。

なぜ強いチームは、こうした戦いになりがちなのか？

答えは、「絶対的な投手力」があるからだ。

たとえば同点で試合の終盤、ノーアウト二塁という場面。ここでは、ランナーを三塁へ進める形が理想だ。けれども次のバッターは送りバントが非常に苦手だとしたらどうするべきか？

この場合、打たせて進塁させたほうが、成功する確率が高い。そこでベンチから出たサインが、『進塁打』だった。左バッターであれば引っ張らせる、あるいは右バッターならばおっつけて反対方向に打たせる。そうすることで、バントをせずともワンアウト三塁という場面が作れる。チャンスを広げたところで、次のバッターの打撃に期待するというわけだ。

実際の試合でも、この作戦は功を奏した。

ワンアウト三塁から、犠牲フライ、タイムリーヒットと1点を取り、その後ピッチャーが相手打線を抑えて、そのまま逃げ切ったのだ。

だが投手力が弱いチームだと、こうはいかない。なぜなら、仮に同じように1点を取ったとしても、後に出てきたピッチャーが、3点、4点と失点を重ねて逆転されてしまう可能性が高いからだ。

このような場合、指揮官である監督はどう考えるか？

「1点、2点と言わず、3点以上得点を奪おう」

つまり、より多く得点を重ねて、脆弱な投手陣をラクにさせて勝とうとしがちだ。

けれども、監督が思い描いている展開に、うまくハマることは少ない。相手だって、終盤になればストレートが速く、絶対的な決め球を持っているピッチャーをつぎ込んでくる。それを踏まえて考えれば、試合の終盤になればなるほど、得点を奪うこと自体が難しくなってくる。

投手力の弱いチームだと、セットアッパー、クローザーに限らず、先発もレベルが格段に落ちてしまうので、ピッチャーの力で勝つということがなかなかできない。それだけに、投手力が強ければ『競り勝ち』の試合が増え、相手からも「強い」と思われるチームになっていくのである。

低迷しているチームにはびこる、諸悪の根源

低迷しているチームの最大の要因を挙げるならば「戦力となる選手の不足」「フロントの必要以上の介入」の2つがある。どんなに監督が優秀でも、あるいはその脇を固めるコーチングスタッフに恵まれようとも、戦力が乏しければ間違いなく勝てない。

よく巨人やソフトバンクがFAなどで大型補強をすることに、「いい選手は今でもいるのに、獲りすぎだろう」と批判する人がいるが、チームのウィークポイントを補おうとしているから獲得を試みるのであって、ムダなことは何ひとつとしていない。むしろチーム内の競争意欲を高めるという効果もある。

FAによる補強は、一般企業で言うところのヘッドハンティングに似ていると思っている。一般企業のヘッドハンティングは認められているのに、プロ野球のFAには批判が集まるなんていうのは、どう考えたって理解できない。

どこのチームとはあえて言わないが、FAでの補強もせず、そうかと言って優秀な外国人選手を獲得せずに、「ドラフトで獲得した新人選手を育てよう」とするだけで、優勝し

ようなんていうのは、あまりにも虫が良すぎるし、絵空事で終わってしまうのがオチだ。

また、若手よりもベテランのほうが活気づいているチームというのも、不安でしかない。なぜなら、若い選手が育っていないから、ベテランに頼っていることを露呈しているからだ。レギュラーの半分以上が30代半ば以上のチームに、明るい未来が待っているとはどうしても思えない。むしろ「今のうちにチーム内の新陳代謝を図らないと、ベテランが抜けたときに悲惨な状況になるのではないか」と危惧してしまう。


さらに野球の現場をよく理解していない人間がフロントに介入してくると、間違いなくチームは混乱する。

フロントの要職にある人は、本社から何らかの理由で天下って来ているケースが多い。こうした人が、選手の補強や育成面の全般について、「現場のことは、みなさんにお任せします」と一歩下がって謙虚に振舞うのならまだいい。

だが、「チームの強化方針はこうしましょう」と言っては全般にわたって口出しする。そうしてチームに関するすべてのことを、自分ひとりで取り仕切って進めてしまうと悲惨なことになる。なぜなら、現場の首脳陣は気を遣い、助言を挟もうにも挟めない雰囲気になってしまうからだ。

「それだけ取り仕切って進められているのなら、自分たちの出番はもうないいな」と首脳陣が諦めて、何かを率先してやろうとする意欲が薄れてくる。これではフロントと現場が一体になることはまずあり得ない。

弱いチームには、弱いなりの理由がれっきとしてある。チームを強化するうえで、選手の補強をまともにしていなければ、フロントが現場に過度に介入するあまりに、現場の首脳陣が身動きとれなくなってしまう。それを見ている選手も意欲をなくし、「チームの勝利」よりも、「個人の成績」を追い求めてしまう。

こうした負のスパイラルがどこかで断ち切られない限り、負け続ける状況から脱却するのは困難であるのは言うまでもない。

データがあるから「試合に必ず勝てる」というわけではない

データがあれば、試合に勝てるのかと言われれば、答えは「ノー」である。なぜなら、データどおりに事が運んだとしても、野球においては「不確定な要素」がつきまとうからだ。

たとえば「相手のピッチャーの決め球は『アウトコースのスライダー』だから、そのボールを狙っていきなさい」と指示したとしよう。

その結果、2ボール2ストライクから、注文どおりにアウトコースにスライダーを投げてきたのでスイングすると、ボールは勢いよく左中間に飛んでいった。けれども、あらかじめ左中間寄りに守っていたレフトに好捕されてアウトになる……。

こんなことは野球ではよくあることだ。いい当たりでもアウトになることもあれば、ボテボテの内野ゴロでもセーフになることがある。これが私の言うところの、野球においての「不確定な要素」なのである。

それでは、データはないよりあったほうがいいのはなぜか？

答えは、

「データがあることで、得点するチャンスが増えて、失点する確率が減る」

からに他ならない。何ひとつ、作戦を設けないまま試合に臨んだら、平気で5～6点は相手に取られてしまうだろう。

だが、作戦を設けることで、相手を3～4点で抑えることができる。6点取られた場合と3点取られた場合の、「どちらのほうが勝機はあるか」と聞かれれば、間違いなく後者のはずである。つまり、データがあれば、勝てる確率がグンと上がるというわけだ。

それだけに、分析した内容を活かして、選手が試合で成果を上げてくれたら、何も言うことはない。これこそまさに、指導者、いや参謀冥利に尽きるのである。

相手のクセを見抜くことの大切さ

相手のクセを見抜くことは、試合で勝つための方法のひとつである。もしクセを発見することができたら、貴重なデータとなるので、チーム全員で共有するのがいい。

楽天のヘッドコーチ時代、ロッテの左腕エースだった成瀬善久（現BCリーグ栃木）の攻略に苦心していたときだった。成瀬のストレートはそれほど速くない。その球種だけなら攻略可能だったが、彼の武器であるチェンジアップが非常に厄介だった。

ストレートを投げるときと同じ腕の振りなので、バッターが「よし、ストレートだ」と思ってバットを振りにいったら、ボールがなかなかホームベース上を通過しない。「しまった!」と思ったときには、タイミングをずらされ、空振りするか、バットに当てるのが精いっぱいで、内野ゴロに仕留められてしまう。その繰り返しだったのだ。

この先も成瀬とまともに対戦していては、何度も痛い目に遭ってしまう。そこで私は、成瀬を攻略するヒントがないか、血眼になって彼が投げている映像を見ていた。

このようなとき、私がチェックしているのは、「セットポジションの場合のグラブの位置や形」「足の上げ方と踏み出し方の速さ」「グラブを持つ腕の使い方」など、ピッチングフォームに関してだった。ストレートと変化球で、何か違いはないのか、つぶさにチェックしていた。

そうして1時間近く映像を見ていたとき、ある事実を発見した。成瀬はストレートとチェンジアップを投げ分ける中で、わずかなクセがあることがわかった。

成瀬のクセとは——。それは〝目線〟である。

彼がストレートを投げるときは、キャッチャーをまっすぐ見ている。だが、チェンジアップを投げるときには、自分の立ち位置から2、3メートル下に目線を落としてからキャッチャーを見て投げていたのだ。

映像を見た当初は、「成瀬は目線を動かすときがあるんだな」程度にしか感じていなかったのだが、そのうち「あれ？」と疑問に感じるようになっていった。キャッチャーをまっすぐ見て投げるとき。

いったん目線を落としてから投げたとき。

それぞれの場合で、どんな球種を投げているのかを分析していくと、ストレートとチェンジアップを投げるときの違いに気がついたのだ。

さっそく私は、ロッテ戦で成瀬が先発するときに、選手全員にこのことを伝えた。一巡目は選手たちも、私の言っていることが本当かどうかを確認しながら打席に立っているようだったが、実際にそのとおりだったということがわかると、二巡目には成瀬を攻略し、試合にも勝つことができた。

だが——。次のカードで成瀬と対戦したときには、もうそのクセが修正されていた。それだけではない。成瀬はクセを逆手に取ったピッチングをしてきたのだ。

つまり、目線を落としたときにチェンジアップを投げるのではなく、ストレートを投げてきていた。さらにキャッチャーを見たままだと、ストレートを投げてくるはずだったのに、チェンジアップを投げていた。楽天打線はものの見事に翻弄され、変幻自在にしてやられてしまったのである。

おそらく成瀬自身、前のカードでいとも簡単に打たれてしまったので、「あれ？」と疑問を抱いて、自分のピッチングフォームをあらためてチェックしたのだろう。そこで自分のクセを発見し、次に楽天と対戦するときまでに修正しておいたのではないかと、私は分析している。


このように、人間のクセをデータとしてとらえたとき、成功するケースは実際にある。一方で相手がそれに気がついた場合、データの一部として考えていたものがデータでなくなってしまう。まるでたぬきときつねの化かし合いのようだが、プロ野球の世界では、こうしたケースはよくあることだ。

だからと言って、「まいりました」と白旗を一方的に上げているようでは、プロとしてはあまりにもお粗末すぎる。常に新しい情報を入手し、バージョンアップを繰り返し行っていくことによって、打開策は得られるのである。

参謀は「強い信念を持つこと」が必要

指導者として優勝を味わったことで、発見したことがある。それは「参謀という立場にある者は、強い信念を持つことが必要」ということだ。

巨人時代の2012年、阪神戦でもっとも打ちあぐんでいたのは、能見篤史だった。左腕から投げられるフォークボールにクルクルっとバットが空を切り、気づけば三振の山を築いていた、なんていうことがたびたびあった。

能見のフォークボールは、ストライクからボールになるゾーンに投げ込まれている。見送ればボールなのだが、投げ終えた直後のボールの軌道は、ひざ元低めのストライクゾーンに向かう。そのとき一瞬だけ「ストライクが来た！」と思い、スイングを始動するのだが、その直後、「しまった、ボールだ」と気づいたときには空振りをしている。そんなパターンを繰り返していた。

能見を打ちあぐんでいた理由はそれだけではない。当時の巨人は、「見送り三振するのを良しとしない」という雰囲気があった。見送り三振をしていては、何も始まらないという考えが根底にあったからだ。2ストライクに追い込まれてしまうと、おのずと「見送り三振をしてはいけない」という意識が働く。そこを阪神バッテリーに見透かされて手玉にとられていた。

そこで私は、能見対策を講じていたとき、首脳陣の確約をとって野手全員にこう言った。

「いいか、2ストライクに追い込まれたら、ひざ元低めのストライクに見えるボールはすべて見逃していいからな」

さらに念を押すように、私は全員に伝えた。

「見逃し三振したっていい。とにかく徹底してやっていこう」

繰り返しになるが、能見のフォークボールはひざ元低めのストライクゾーンからボールゾーンに落ちる軌道である。つまり見送ればストライクではなく、ボールになるのだ。

どんなバッターでも、ボールゾーンを振っているようでは、ヒットは期待できない。それならば高めのストライクボールをコンパクトに打つことを心掛けたほうが、ヒットの確率は高くなる――。そう私は考えていたのだ。

さらにもうひとつ、大きなメリットがあった。それまで2ストライク後に振っていたボールゾーンに落ちるフォークボールを見逃すことで、相手バッテリーは「おや？」と考えだすだろう、という読みがあったのだ。

「今日の巨人打線は、いつもと違うぞ」

そう思い、勝手に迷ってくれたらしめたもの。相手バッテリーは、「配球を読まれているんじゃないか」と疑心暗鬼になり、フォークボールを投げる割合が減ってくるのではないだろうか——。そんな考えもあったのだ。

もちろんひざ元低めのストライクゾーンにストレートを投げられて、三振してしまうことだってあるだろう。だが、それも織り込み済みだ。徹底して選手に「ひざ元低めのストライクに見えるボールは振らなくていい」と指示したのだ。

試合に入ると、選手たちは私の作戦を忠実に実行してくれた。

やはり、ひざ元低めのストライクゾーンにストレートを投げられて、三振に打ち取られたシーンもあるにはあった。それでも予想どおり、ボールゾーンに落ちるフォークボールを多投してくる場面は多かった。それを堂々と巨人の選手たちは見逃した。

いつも以上にスイングしてくれない巨人打線を目の当たりにして、マウンド上の能見が「あれ？」と首をかしげるシーンが何度もあった。能見のボールを受けていた矢野燿大（現阪神監督）も、時おり首をひねっていた。「ひょっとしたら能見がフォークボールを投げる際のクセを、見破られたんじゃないのか？」と考えていたかもしれない。

相手にそう思わせた時点で、こちらの思うつぼだ。こうなると能見はストライクゾーンのボールで勝負せざるを得ない。その結果、能見は徐々に崩れ出し、試合の序盤で早々とノックアウトすることに成功した。

絶対的な自信を持っていたフォークボールが、なぜいとも簡単に見逃されたのか。能見はこのときまったくわからなかったに違いない。もっと言えば、ボールを受けていた矢野も、さらには阪神の首脳陣だって、その原因がまったくつかめなかったはずだ。

それだけではない。この年のチーム打撃の成績は、前年に比べて格段にアップしていた。チーム打率は前年の2割4分3厘から2割5分6厘、ヒット数が1145本から1216本、四球数が323個から455個、三振数が1003個から952個、出塁率が2割9分8厘から3割2分6厘、得点が471点から534点と向上したのだ。

「この場合は、こう攻めていく」という信念を持つ。その結果、天敵と思われた投手を攻略できる可能性が高くなる。そのとき大切なのは、「なぜその作戦を実行するのか、根拠を持って選手に伝える」ことだ。それゆえに参謀という立場にある人間は、常日頃からどうすれば相手を上回れるのか、作戦面において自己研鑽を積んでおかなければならない。

プロでのチームワークは「勝つこと」でしか得られない

プロ野球チームにおけるチームワークとは何か？

よくアマチュアは、『和して勝つ』と言う。つまり、チームワークありきを前提とした中で、勝利をつかみとっていくことが良しとされている。

これに対して、プロ野球の場合は、『勝って和する』。つまり、勝利をつかみとっていく中で、チームワークが生まれてくるという考え方なのだ。

特に巨人は〝優勝〟というひとつの目標に向かって、みんなが同じ方向を向いている。たとえ人間的に合わない選手同士であっても〝優勝〟という目標があるからこそ、一体となってプレーする。それが巨人の強みであると感じさせられたものだ。

たとえば開幕して2～3カ月くらいは、仮に首位でなくても2位から4位あたりをウロウロしている。試合展開自体も、淡白な攻撃が目立ち、負けるときはあっさり負ける。こんな展開が続くのも、巨人というチームの特徴のひとつである。

ところがオールスター戦を過ぎたあたりから、選手の目の色がガラッと変わりだす。それまであっさり凡退していた選手が、急に粘りが出てくるようになり、試合終盤まで2～3点差で負けていても、土壇場で逆転する、なんていう試合が多くなってくる。つまり、巨人の選手は、ペナントレースを制するための勝負どころは、「夏場の戦いにある」と踏んでいるのだ。

なぜこのような考え方ができるのか。その答えは、V9を達成しているという、過去の実績と歴史にある。川上哲治さんを監督として、長嶋茂雄さん、王貞治さんらが選手として成し遂げた偉大な記録であるのは言うまでもないが、このときに培った「勝負どころでの力の発揮の仕方」が、今も巨人の中では脈々と受け継がれているように思えてならない。

長嶋さん、王さんが監督のときにプレーしていた原監督に始まり、その原監督の下でプレーしている今の巨人の選手たち。シーズン序盤にどんなに負けが込んでも、原監督は必ず「勝負の行方はまだまだ先ですから」と発言し、連勝が続いても、「今の時期は気にすることはありませんし」と浮かれることなく冷静にコメントする。こう自信を持って言い切れるのは、勝負どころでの勝ち方を知っているからに他ならない。

実際、選手たちもそのあたりのことは心得ていて、「勝負は夏場以降の、残り30試合を切ってから」と言い切る主力選手もいる。たしかにこれは一理ある。

そうして目の前の試合を一つひとつモノにしていくことで、チームメイト同士で信頼関係を高めていく。こうした戦い方のできるチームこそが、勝者となり得るのである。

二軍にも参謀が必要なケースとは

二軍にも参謀が必要な場合がある。こう言うと、「二軍は勝負よりも育成のほうが大事だから、必要ないでしょう?」と驚かれる人もいるかもしれないが、私はそうは見てない。適材適所を考えたときに、参謀を置いたほうがいいケースが2つある。

ひとつは監督が口下手で、自分の意見を伝えられない場合。もうひとつは、指導者としての実績の浅い人が、二軍監督に就任した場合である。どちらにも共通しているのは、「弁が立たない」ということ。説得力のある言葉を選手に伝えられないのは、監督として致命傷であるという見方がある一方、そうした人がトップにいる場合には、「自分の考えを代弁して話してくれる人」をヘッドコーチなり、参謀なりに据えればいい。

2019年シーズン、私はヤクルトで1年間、野手総合コーチという肩書で指導にあたっていた。そのとき一軍の選手と比較して、二軍の選手のほうが指導するのは難しいと痛感させられた。

一軍の選手は、技術、体力ともに完成されているから一軍にいる。これは当たり前の話だ。一方、二軍の選手は、一軍で通用するだけのスキルがない。したがって、足りない部分を指導者が理解しやすい言葉でどう選手に伝えられるかが問われてくる。

そうした中で、二軍には「一軍で使えるように指導してほしい」とされる、強化指定選手がピッチャー、バッターを問わず必ずいる。それは、「今は未完成でも、3年後、5年後のチームを考えたとき、できれば主力選手になっていてほしい」という期待が、一軍の首脳陣にあるからだ。

このような場合、「二軍の試合でこれだけ出場させる」という名目の中で実戦を経験させる。試行錯誤しながら得た経験を、明日以降の試合につなげていき、やがては血となり骨となって、一軍で通用する選手へとなってもらう……というのが、一番の理想ではある。けれども、全員が全員、順調に育つわけではない。技術の部分で停滞する場合もあれば、一定以上の時間を要して課題をクリアしていくこともある。

いずれにおいても重要なのは、「選手の課題を的確に伝えられるか」にある。その役割を監督ができないというのであれば、参謀が務めればよい。このとき大切なのは、あくまでもチームのトップである監督の考えを反映した意見を、参謀が選手に伝えること。それを周知徹底することが肝心なのだ。

あらためて野球の作戦について、考察してみる

野球で効果的な作戦は何になるのか。数多ある中でも、ここでは『盗塁』『送りバント』『ヒットエンドラン』について考えていく。

まず『盗塁』だ。

試合の序盤から中盤にかけて足の速いランナーについては、グリーンライト（ランナー

の判断で盗塁の有無を判断すること）を標榜しているケースが多い。その場合、セットポジション時のピッチャーのクセやキャッチャーの肩の強さ、相手バッテリーの配球の傾向、ボールカウント、得点差、バッターの力量など、少なくとも6つの事柄を頭に入れてから、「ここだ！」というタイミングでスタートを切る。

盗塁は一か八かの紙一重の勝負で決まる。アマチュアのレベルならともかく、プロの場合はただ「足が速い」からという理由だけで、やみくもにスタートしても盗塁が決まるほど甘くはない。だからこそ、先に挙げた6つの事柄を頭に叩き込んだうえで、スタートのタイミングを決めることが重要なのだ。

ただし試合の終盤となる7回以降になると、状況はガラリと変わってくる。なぜなら1点を争う試合ともなれば、盗塁の判断はランナーではなく、ベンチの判断で決められることが多いからだ。

よく巨人の原監督は、

「6回までは選手主導で、7回以降はベンチにいるわれわれのサインで動いてもらう」

とメディアにも公言しているが、試合の行方を左右するような場面で、ランナーの判断で盗塁をさせて失敗した場合、チームにとってもランナーにとっても、大きなダメージが残る。場合によっては、次に同じ状況が訪れたときには、ランナーが思い切ってスタートを切れなくなる可能性がある。

そんなことになるくらいなら、ベンチの首脳陣が責任のすべてを背負ったほうが、ランナーとしても心理的な負担が軽くなる。試合の終盤になると、ベンチワーク主導で盗塁の有無を決めるのは、こうしたリスクヘッジも理由のひとつに挙げられるというわけだ。

続いて『送りバント』である。送りバントは「手堅くランナーを塁に進める」というイメージが強いかもしれないが、昔に比べて消極的な作戦ととらえられている。その理由は単純明快で、簡単にアウトをひとつ、相手に献上してしまうからだ。

それでも得点を奪えれば効率のいい作戦といえるかもしれないが、最近は、送りバントをしても、得点につながらない割合のほうが高いとされている。それならば強攻してチャンスを広げ、大量得点を狙ったほうがいいという考え方があるのも、また事実なのだ。

ただし、例外もある。先に挙げた巨人のように（52ページ）、主力選手に送りバントのサインを出すことで、「ここが勝負どころなんだな」と、チーム全体が意思統一を図って、集中力を高めて得点を奪うという効果もある。簡単にアウトひとつ、相手に献上するのではなく、チームの中心選手が送りバントをしたということで、全体がピリッと引き締まって攻撃に集中する。こうした側面もあることは見逃せない。

最後に『ヒットエンドラン』である。実は選手からしてみれば、「ヒットエンドランのサインはありがたいんです」という話をよく聞く。その理由は、「ダブルプレーのリスクが減らせる」「次のボールを必ず振るという覚悟ができる」の2つが考えられる。

たとえばワンアウト一塁という場面。このときランナー、バッターともに足の遅い場合、ヒットエンドランが有効な作戦と見なされている。なぜなら足の遅いランナーに単独スチールをさせれば、アウトになる確率が高まるし、バッターにそのまま打たせて内野ゴロになった場合は、ダブルプレーになってしまうことが多いからだ。

このようなとき、ベンチ主導でヒットエンドランのサインを出すことによって、たとえ内野ゴロになったとしてもランナーが走っているので、ダブルプレーのリスクがグンと減る。バッターも「どんなボールでも、次は思い切って振ろう」という覚悟ができるぶん、思い切ってスイングすることができる。それが好結果を生ませることにつながっていくのだ。

そのうえバッターが空振りしたとしても、フルスイングしているぶん、キャッチャーからセカンドへの送球が若干遅れたり、ボールが塁上から逸れたりして、結果的に単独スチールが成功する可能性が高まる。こうした効果があるからこそ、ヒットエンドランが有効な作戦となっていくのだ。

ただし、実際にはヒットエンドランのサインを出すケースは少ない。「選手の心、監督知らず」とでもいうべきか、ヒットエンドランよりも強攻策で大量得点を狙ったほうが、効率的だと考えているからかもしれない。

これらを踏まえていくと、一つひとつの作戦が成功するか否かは、個々の選手の技術力だけでなく、ベンチが腹をくくってそのサインを送れるかどうかにも大きくかかる。私がこれまで見てきた野村さん、原監督、辻監督といった、勝負強い監督というのは、この点が優れているのは間違いないし、監督ならば持ち合わせていなければならないスキルであることは間違いない。

ピッチャーの分業制が進めば進むほど、沢村賞投手は生まれにくくなる

今のプロ野球は、中継ぎ以降の〝勝利の方程式〟を確立できるかが重要だ。それが勝利を決めると言っても過言ではない。先発6人、中継ぎ5〜6人、クローザー1人。長丁場のシーズンにおいて、このシステムを安定的に確立できたチームは強い。

中継ぎ以降のピッチャーには、

①150キロ以上のストレートがある

②絶対的なウイニングショットがひとつある

③アウトコース低めのコントロールが良く、簡単には四死球を出さない

といった、かなり高度な3つの能力が求められる。先発よりもスピードが遅くては、相手バッターに威圧感を与えられないし、ここ一番で三振のとれるボールは是が非でもほしい。そのうえ、四死球などで簡単にピンチを作っているようでは、相手チームに隙を与えることになる。それだけは絶対に避けなければならない。

一方で、ピッチャーの分業制が進めば進むほど、沢村賞獲得のハードルはますます高くなっていく。これは致し方のないところだ。

２０１９年シーズンは、セパともに沢村賞に値するピッチャーは「いない」という結論に至った。沢村賞の選考基準に掲げられているものは、以下の７項目である。

①15勝以上
②１５０奪三振以上
③10完投以上
④防御率２・５０以下
⑤２００投球回以上
⑥登板25試合以上
⑦勝率６割以上

候補に挙がった有原航平（日本ハム）と山口俊（当時は巨人・現トロント・ブルージェイズ）の２人は、４項目をクリアしたものの、『10完投以上』『２００投球回以上』はクリアできなかった。有原は１完投のみ、山口にいたっては０となり、先発完投型のピッチャーとして物足りないと見る向きも多かった。

分業制が進み、先発ピッチャーの役割が大きく変わってきたことが浮き彫りとなったが、沢村賞のレベルをこれ以上、下げたくないという理由から、受賞者を見送った選考委員長である堀内恒夫さんの気持ちもわかる。

だが、分業がますます進みつつある野球界においては、沢村賞を受賞するピッチャーが現れることは、ますます厳しくなるのではないかと見ている。昨年のパ・リーグの新人王はソフトバンクのセットアッパーを務めた甲斐野央が受賞したが「即戦力のピッチャーだからと言って、必ずしも先発完投型のタイプではない」ということを広く知らしめた。

今後も『即戦力のピッチャー＝先発完投型』ではなく、『中継ぎ専門』『クローザー専門』というタイプのピッチャーがますます増えて、ドラフトで指名される確率が高くなるのではないかと思っている。そうなると、先発完投型のピッチャーというのは、将来的には死語になってくるのかもしれない。

さらに言えば、今や『オープナー』『ブルペンデー』など、メジャーリーグで採用されているピッチャーの起用法を、2019年シーズンの日本ハムやロッテのように日本でも実際にトライする球団が現れた。ただし、オープナーなどを用いるチームは、裏を返せば、先発ピッチャーが不足しているという弱点を露呈している。先発ピッチャーが6人いれば、ローテーションが組めるわけだが、その数がいないから、苦し紛れに思いついた策であるとも言える。

だからこそ、オープナーやブルペンデーを用いるチームの台所事情は厳しいのだと、私は考えている。

それに加えて、高校野球でも球数制限の議論が進み、春のセンバツから、『1週間で500球以内』という制限を設けて施行されるはずだった。残念ながら今回は新型コロナウイルスの影響で、開催自体が中止となってしまったが、高校で球数制限が実施されていくと、今後はいっそう完投するようなピッチャーが出てこないと考えている。

2012年10月31日、日本シリーズ・日本ハム対巨人。マウンドに行き山口鉄也投手を励ます原監督（札幌ドーム）

2018年9月29日、西武対ソフトバンク。辻監督と厳しい表情で試合を見つめる（埼玉・メットライフドーム）

第4章

戦略が必要な選手、必要のない選手の違いとは

独特の感覚を持っていた秋山翔吾には、あえて口出しをしなかった

口頭では説明できないデータを欲しがる選手もいる。このことを西武の秋山翔吾から学んだ。彼はそれまで私が見てきたどの選手にもタイプが当てはまらない、独特の感性を持った選手だった。

西武では個々の選手にタブレット端末を渡して、そこから映像やグラフなど、自分にとって必要なデータを選んでもらうという形をとっていた。そうした中で、秋山は相手ピッチャーの球種や相手バッテリーの配球ではなく、ピッチャーとのタイミングの取り方に興味を示したのだが、正直これには驚いた。これまで彼のような視点でデータを欲しがる選手はいなかったからだ。

また、秋山が独特な感性の持ち主であるひとつの例として、バッティング練習時の「好調かどうかを判断するバロメーター」がある。普通ならば、外野に大きな飛球を飛ばす、あるいはライナー性の打球を飛ばすといったように、フィールド内にどんな打球を飛ばしたかで好不調を判断する場合が多い。

だが、秋山は違った。三塁の観客席にファールボールを飛ばすことができたら、バットの出がスムーズになって、体が一定の状態でボールを見てとらえていると判断しているようだった。もちろん三塁の観客席にファールボールを飛ばせたからと言って、すべて納得しているわけではない。観客席の上のほうに飛ばして納得している場合もあれば、下のほうだと「あれ？」と首をひねって、考えている姿もしばしば見受けた。おそらく彼の中では「何かが違う」と感じるものがあったのだろう。

実際、私に聞いてくる内容も球種や配球ではなかった。バッターボックス内でのボールの見方や構えたときのグリップの位置はどうなっているか、他のバッターからは、ほぼ聞かれない質問が多かった。私としても彼の領域を侵害しないように、慎重な答え方をするしかなかった。

こう言うと、秋山は気難しい人間なんじゃないかと思う人もいるかもしれないが、そんなことはない。どんな人にも気さくに、分け隔てなく接することができる、誰からも好かれる青年だ。

一方で、いざユニフォームを着ると自分の技術に対するこだわりは、どの選手よりも強い。2015年に日本のプロ野球でシーズン最多の216安打という成績をマークし、日本の9年間で平均打率3割1厘という数字を残したのだから、自分の技術に相当の自信があるのは間違いない。

秋山のような高い技術を持った選手には、必要だと思う情報を選んでもらって、聞かれたときだけ答えるというスタイルがベターである。万が一、質問を受けた際には、即答できるように自分の中で答えを用意しておく。そのためにも、「どこに重点を置いてバッティング練習を行っているのか」、普段からしっかりと見ていることが大切だ。

高橋由伸が多くのデータを求めたワケ

データを収集すればするほど、野球は簡単になっていく。特に代打の一打席に懸けるバッターともなれば、自分に必要なデータを集めて、「ようし、今日はこのボールを狙っていこう」とバッターボックスに入ったときに覚悟が決められる。巨人の高橋由伸がまさにこのタイプだった。

私が巨人に入団したときには、彼はスタメンから外れ、試合の終盤に貴重な代打の切り札として登場する機会が増えてきた。彼のバッティングはフォームに始まり、スイングの軌道、フォロースルーと、どれをとっても完璧だった。

「こういう選手を天才って呼ぶんだろうな」

そう思って見ていたのだが、実は巨人の選手の中でも、一番データに興味を持っていたのが、他ならぬ高橋だったのだ。来たボールを素直にスイングしているだけだと思っていた私は、意外な気がして本当に驚いた。

しかも相手ピッチャーについて求めるデータの内容が、非常に細かい。

「初球はどのコースに、どんなボールを投げてくることが多いのか」

「バッター有利のカウントの場合、ストライクを取ってくるとしたら、どんな球種が多いのか」

「ピッチャー有利のカウントの場合、ウイニングショットに選んで投げてくるとしたら、どんなボールが多いのか」

「ランナーが一塁、二塁、三塁、一、二塁、二、三塁、満塁とそれぞれいた場合では、どんな配球が多くなるのか」

ざっと挙げただけでもこれだけある。実際にはもっと深く掘り下げたデータを欲しがることもあった。

どうしてここまで高橋はデータを重宝したのか。とりわけ代打で出場する機会が多くなってきたため、一打席のわずか一球だけで確実に仕留めるために、細かなデータを必要としたのだと考えている。

もし、データがなかったらどうなっていたか。

「おそらくこういう攻め方をしてくるだろう」「たぶんこの球種をカウント球に使って、最後はこのボールを放ってくるに違いない」というように、『おそらく』『たぶん〜だろう』と、予測の中でしか判断できない。これでは代打で成功する確率はグンと低くなる。

そこで、高橋はありとあらゆるデータを集め、自分なりに分析した結果、

「初球はこのコースにこのボールを投げてくるだろう。バッター有利のカウントになったらこの球種を狙って、ピッチャー有利のカウントになったら、この球種に絞っていこう」

などと、自分なりの打席でのプランを立てていたように思える。

実際、代打での成功率は高かった。2014年シーズンは代打で球団記録に迫る17打点を記録。翌15年シーズン、私は巨人を去っていたが、代打での打率が3割9分5厘と驚異的な成績を残した。彼のような天才肌のバッターが、データも活用するようになったら、

まさに鬼に金棒である。

超一流の選手が、己のスキルを磨こうとさらに努力を積み重ねられれば、超一流の存在のままであり続けることができる。高橋の飽くなき向上心に、大いに感銘を受けた。

2013年日本シリーズ、田中将大攻略法の「伝授の仕方」

難攻不落のピッチャーを打ち崩すには、チームとして「ひとつの作戦を徹底させる」。

2013年の日本シリーズにおける、楽天の田中将大がまさにそうだった。この年の田中の成績は、もはや語るまでもあるまい。28試合に登板して24勝0敗。防御率1・27。24勝も驚異的な数字だが、0敗で終わったことのほうがすばらしい。何せシーズンでは一度も負けなかったのだ。過去のプロ野球界で、もちろん誰もいなかったし、未来永劫、これほどまでの記録を樹立するような選手は出てこないかもしれない。

けれども、この年の春に開催された第3回WBC（ワールド・ベースボール・クラシック）では、田中の調子は今一つだった。侍ジャパンのエース格として期待されていたのだが、ストレート、スライダー、フォークボールと、投げる球はことごとく打たれ、首脳陣からも「怖くて使えない」という声が上がるほどだった。その結果、大会の途中からは先発ではなく、中継ぎとしてブルペンで待機してもらうことにした。

それがWBCからペナントレースに戻った途端、投げては勝ち、また投げては勝ちと、連勝記録が伸びていった。同時に、楽天も夏場以降からあれよあれよという間に快進撃を見せ、最終的には球団創設初のパ・リーグ制覇、優勝を決めた西武戦では、田中がみごとに胴上げ投手となった。

その年、私が戦略コーチを務めていた巨人もセ・リーグ連覇、さらにはCS（クライマックスシリーズ）も勝ち抜き、楽天と日本シリーズで相対することとなった。

楽天でもっともマークすべきは、当然24連勝をマークした田中だった。チームとしても、楽天に勝つということ以上に、田中を打って勝ちたいという気持ちのほうが強かった。

私が田中対策として選手に出した指示は、次のとおりだった。

「コントロールの精度が高いし、いろんな球種を追いかけたところで、まず打てないだろう。それならば『このコースに投げてくる』と、ピンポイントに的を絞って勝負していこう」

まさに捨て身の戦法をとっていこうと考えていた。ピンポイントに絞るべきボールは、それこそありとあらゆる状況を想定し、ある選手には、

「アウトコースのスライダーは捨てて、カウント球として投げてくるストレートを狙っていきなさい」

と指示をし、またある選手には、

「ひざの高さのボールはすべて見逃せ。そのゾーンからはストンと落ちるフォークボールを投げてくることが多い。だから振る必要はない」

そう断定して伝えるようにしていた。そうして最後には必ず、

「狙いが外れたら『ごめんなさい』でいい。そう割り切って作戦を徹底させていこう」

とも話しておいた。バッターは作戦面で決めごとを作っていても、バッターボックスに入った瞬間、「打ちたい、打ちたい」と焦る気持ちが出てくることもあれば、カウントが不利になると、「次に来るボールはなんだろう？」と、心理的に焦って冷静さを失うこともある。だからこそ、「失敗することもあると思っているから」と伝えると、選手は落ち着いてバッターボックスで相手ピッチャーと勝負できるのだ。

そうして各自が狙うべきボールを定め、田中との勝負に挑んだ。その結果、第2戦では

敗れたものの、第6戦では高橋が決勝タイムリーを打ち、4対2で勝利。打線も12安打を放ち、田中対策は功を奏した。

試合終了後、巨人のベンチ内は、まるで日本一になったようなお祭り騒ぎだった。パ・リーグのどのチームも、田中に対して土をつけることができなかったが、それを巨人が果たしたからだ。

ただし、この勝利で巨人の選手たちは満足してしまった感があった。本来であれば、あとひとつ勝たなければ、日本一にはなれないはずなのに、肝心の第7戦は楽天ペースで試合が進み、最終回はまさかの田中のリリーフ登板で抑えられ、楽天に悲願の日本一を決められてしまった。

たしかに巨人打線は田中を攻略した。この点がみごとだったのは間違いない。だが、肝心の「日本一になる」という目標を、最後の最後に私も含めたみんながどこかに置き忘れてしまった。それが巨人の日本シリーズの敗因であったことも、また事実なのである。

短所をあえて「そのままにしておくこと」のメリットとは

短所は克服するのではなく、そのままにしておく。そのためにどんなデータを与えればいいのか。先にも登場したが、巨人の村田修一を例に挙げて説明したい。

2012年、私は横浜からFA移籍してきた村田と、同じタイミングで巨人に入団した。見た目どおり男気あふれる一方、周囲にも気遣いのできる選手だった。村田とは、同時期に入団したということもあって、コーチと選手という立場ながら、いろいろな話をした。

その中で彼から、

「インコースのストレートの対処法をどうにかしたいんです」

と相談があった。

ホームランが打てる長距離バッターは、得てしてインコース全般が苦手な場合が多い。ヤクルト時代で言えば広澤克実さん、池山隆寛、他のチームで言えば清原和博、山﨑武司、小久保裕紀、中村紀洋。村田も彼らと同じように、インコースの高めが苦手だった。

反対に、アウトコースのボールは得意としている。俗に言う〝手伸びゾーン〟として、右バッターがもっとも力強くスイングできるポイントだ。たとえば右ピッチャーの抜けたボールやスライダーがこのあたりに来ると、バッターからしてみれば格好の餌食となる。

反対にインコースは〝手伸びゾーン〟がない。唯一、あるとすればインコース低めだが、これとてさばくのは、ごく一部のバッターを除いて容易ではない。体をコマのように回転させて、うまくさばけることが必要だが、ちょっとやそっと練習したからと言って、身につく技術ではない。よく野村さんは、ホームラン王を獲るバッターの共通点について、こう話していた。

「インコースをうまくさばければ、ホームラン王のタイトルは獲れる」

最近で言えば、巨人の坂本がまさにその典型だ。インコースのさばきが抜群にうまく、その技術力は他のバッターと比べると、格段に高い。2019年シーズンに40本のホームランを打てたのも、納得がいく。

けれども村田にはその技術がない。練習をし続ければ確かに技術は習得できるかもしれないが、そうなると2つのデメリットが出てくる。

まず苦手を克服するには、それなりの時間を要する。長丁場のシーズンの中で、2カ月、3カ月かけて苦手なゾーンを克服して結果、大事なシーズンが終わってしまった……という事例をいくつも見てきた。打線の中軸を担う選手がこれでは、時間のロスでしかない。仮にインコースを克服できたとしても、体の使い方やスイングの軌道が変わってしまうことで、得意だったはずのアウトコースが打てなくなってしまったという危険性も十分考えられる。これらを考えるとインコースの克服が、村田にとってメリットになるどころかリスク以外の何物ではない。

こういった理由から、私は村田に「あえて苦手なゾーンを放置しておこう」と提案をした。そのために必要な打開策も提示したのだが、具体的には次のとおりである。

「インコースはホームランを打てなくてもいい。ただ、ファールで逃げるとか、高めのつり球は自信を持って見送る」

これができるだけで、相手バッテリーの攻め方は変わってくる。

さらに、村田と突き詰めて話し合い、

「インコースを攻めてくるとしたら、どのタイミングでくるかを読む」

という結論を出し、対策を練っていった。

手始めに、まずは村田と対戦相手のバッテリーの配球傾向を学んでいった。すると、あるチームのバッテリーは、ランナーが塁上にいる場合といない場合で、インコースの使い方に違いがあることに気がついた。どんなに「村田はインコースの高めが苦手」と言われていても、一歩間違えたらスタンドに持っていかれてしまう。そうしたリスクを減らすために、ランナーが塁上にいる場合、インコースに投げるのはせいぜい1、2球であるというデータも見えてきた。そうなったら、その1、2球はどのカウントで来ることが多いのか、傾向を調べて対策を練ればよい。

ストライクであればファールを打って逃げればいいし、ボールだったら堂々と見送る。これさえ徹底すれば、相手は「あれ?」と考えだす。そのうえで最終的には得意なアウトコースにボールを投げてきたところを仕留めればいいのだ。

それまで持っていた長所だけでなく、短所もそのままにしておく。ただし、短所は「相手バッテリーの攻め方を読む」という対応をする。つまり、弱点は弱点と理解しつつ、向き合う。村田は2012年こそ12本のホームランで終わったものの、13年は25本、14年は21本と2年連続20本以上のホームランを打った。これも相手バッテリーがインコースに攻めてくる傾向を読んで、対策を立てた賜物であることは間違いない。

力の衰えたベテランに必要な思考とは

過去にタイトルを獲ったベテランが衰えを見せ始めたとき、何をきっかけで復活、あるいはチームに貢献していくのか。その答えは、

「今までと違ったアプローチで、自分の技術を磨いていく」

「今の力量を直視し、できることに全力で取り組む」

この2つしかない。


前者の場合、楽天時代の山﨑武司がまさにそうだった。彼は中日時代の1996年にホームラン王のタイトルを獲り、チームの中心選手として活躍してきたが、その後はシーズンで20本台のホームランしか打てずにいた。そうして時間の経過とともに、徐々に衰えが見え始め、フル試合出場することも難しくなっていった。

どんなに実績を積んだベテランでも真っ先に訪れるのが、肉体面の衰えだ。特に反射神経と動体視力の低下だけは、30代半ばになれば、否が応でも顕著になる。若いときは何も考えずにできていたことが、やがてできにくくなり、最後はまったく対処できなくなる。

そう遠くない将来に訪れる〝引退〟の二文字を意識しながらプレーしていくものだ。

このことは山﨑も例外ではなかった。加えて、彼は前項（115ページ）で登場した村田同様、インコースを苦手にしていた。ホームランバッターの宿命を抱え、繰り返し練習に励むが、自分の思い描いたような打球を飛ばせずにいた。

そこで彼にアドバイスしたのが、やはり「配球を読む」ということだった。彼からすればそれまでになかった視点だったが、現状にとどまっているくらいならトライしてみてみるのもいいと考えてくれたようで、徐々に打席内で実践していった。

すると39歳になった2007年に、ホームラン43本、108打点を挙げて2冠を獲得。その後3年間は、主力として活躍し続けた。

「プロ野球選手は、技術的限界を超えたところから、本当の戦いが始まる」

と言ったのは野村さんだったが、山﨑は肉体的な衰えを頭脳でカバーしようと、発想を転換し、みごとに再起を果たしたのである。

後者で挙げると、西武の松井稼頭央が印象深い。現役の最後となった2018年、西武に復帰したが、彼もベテランが通る道を例外なく踏襲していた。2002年には史上初となるスイッチヒッターとしてトリプルスリーを達成し、その後メジャーリーグの舞台で活躍するなど、全盛期はもはや説明するまでもない活躍を見せたが、西武に復帰したときは、動体視力の衰えが顕著だった。

ある試合で松井が代打で出場したときのこと。結果は空振り三振だったのだが、彼はインコースの高めを振っているつもりだったと言っていた。けれども映像を見直してみると、実際にはアウトコースの高めだったのだ。ここまで動体視力の誤差が大きくなると、往年のような活躍を期待するのは酷である。

松井自身もそのことをよくわかっていたのだろう。私たち首脳陣にこう言ってきた。

「代走でもなんでも、今できることを一生懸命やります。便利屋としてチームに貢献していくつもりですから、遠慮なく声を掛けてください」

かつてのプライドをかなぐり捨てて、今の実力を客観的かつ冷静に判断しての言葉だった。彼のように偉大な記録を残した選手が、縁の下からチームを支えようと公言するチームは強い。実際、この年の西武は10年ぶりにパ・リーグを制覇したのだが、松井ほどの実績を持った選手が自己犠牲の精神を働かせたことも決して無縁ではない。

野球に限らず、どんな世界でも長年チームに貢献してくれたベテランの処遇というのは頭を悩ませるものなのだ。けれども、疎ましい存在に思うのではなく、

「今のあなたがチームに貢献できるとしたら、どうすればいいと思っているんだ？」

こう投げかけて自己変革をうながす。それによって本人の中で発想の転換ができれば、間違いなくチームにとって欠かせないピースとなっていくはずだ。

森友哉が受けた「デッドボールの数」からわかること

セ・リーグとパ・リーグの大きな違いは、ピッチャーのレベルの差である。ここ最近のプロ野球を見ていると、それが顕著に表れているように思える。

たとえば西武の森友哉。

彼はデータなどおかまいなしに、ただ、来たボールを打ち返すだけの選手だった。それでも西武打線を牽引するだけの力を持っていたし、昨年は3割2分9厘を打ち、首位打者を獲得した。まさに身体能力の優れた選手だ。

一方で注目してほしいのは、「デッドボールの数」である。森は入団６年でデッドボールの数は13個。２年目の２０１５年に９個あったが、16年、17年は、ともに０、18年、19年は２個ずつ。これはあまりにも少ない。

それでは森がデッドボールを食らわずによけ方がうまいのかと言えば、そうではない。単にパの５球団のピッチャーがインコース攻めをしないから少ないだけに過ぎない。

パ・リーグはストレートに力のあるピッチャーが多い。彼らはみな、アウトコースのストレートで勝負できるだけの力があるので、とりわけインコースを攻めずとも打ち取れる自信がある。

これに対してセ・リーグのピッチャーは、ストレートと変化球のコンビネーションで勝負するタイプが多い。アウトコース一辺倒のピッチングスタイルではバッターに読まれてしまうので、インコースを攻めなければ、バッターを打ち取ることができない。

それを象徴するのが、昨年引退した阿部慎之助である。彼は19年に及ぶ現役生活の中で、１５２個のデッドボールを受けた。これは歴代３位、左バッターでは歴代１位の記録である。ただし、断っておくが、阿部は逃げ方がうまくなかったから、これだけのデッドボールを受けたのではない。セ・リーグのピッチャーが阿部を打ち取ることを考えたときに、

「インコース攻めは必須だった」ということだ。

それでは森はこれからもインコース攻めに遭わないままでいられるのか？　私はそうは見ていない。昨年、首位打者とパ・リーグMVPのタイトルを獲ったことで、今後はインコース攻めが増えてくると見ている。

同じチームの山川も、ホームランを量産してきた途端、デッドボールの数が増えていった。2017年までの入団4年間は6個だったのが、18年は16個、19年は13個と急激に増えた。つまり山川同様、森も一人前のバッターとして、相手ピッチャーがインコース攻めを駆使して必死に打ち取ろうとしてくるはずだ。

それでも森がものともせずに、昨年と同じような打撃成績を残せるようになれば、一流から超一流のバッターへと進化していけると期待している。

外国人選手がデータを必要としない理由

データを必要としなかった選手の代表格――。それは外国人選手である。どのチームもそうだと思うが、少なくとも私がこれまで所属した球団の外国人選手は、日本人選手のように事細かにデータを解析してから勝負に臨む、ということはなかった。

外国人選手が聞いてきたことは2つ。「スピードと球種」である。

彼らは自分の実力に自信を持っている。バッティングはタイミングさえしっかりつかんでいれば、打球を飛ばすことができると考えているので、2つ以外の情報を必要としなかったわけだ。

たとえば現在DeNAにいるホセ・ロペスが巨人に在籍していたとき、

「あのピッチャーのスピードは速いか、遅いか？」

ということだけ聞いてきた。ロペスは左の軟投派を苦手にしていたので、ストレートのスピードを140キロと基準にしたとき、それ以上かそれ以下かを確認してきた。そのとき、

「140キロ以上投げるよ」

と答えれば、「OK、ナイスナイス」とだけ言ってバッターボックスに入っていた一方、

「140キロ以下だな」

と答えると、露骨に嫌な顔をしていたのを思い出す。

ロペスに限らず、どんなバッターにも言えるが、ピッチャーのピッチングフォームに合わせてバッティングのタイミングを測っている。「よしストレートだ！」と思ったときに、思いのほか遅いストレートや、ドロンと大きく落ちる変化球を投げられると、なかなか対応が難しい。

左の軟投派で思い浮かぶピッチャーと言えば、ヤクルトの石川雅規だという人は多いかもしれない。彼はコントロールがよく、緩急を使ったピッチングをする。特にチェンジアップは、回転と軌道がほぼ同じで、ホームベースに到達するまでの時間だけが遅い。バッターがもっとも苦手とする「奥行きの変化」を最大限かつ有効に使っている。

このボールを投げると、空振りもとれるし、見逃しも奪える。ロペスにしてみれば、なかなかボールが来ないので、我慢して待つことができないのだろう。

石川のストレートは130キロ台が中心だが、チェンジアップは100キロ前後のスピードまで落ちる。つまり、30〜40キロくらいの緩急差があるので、ロペスのような長打力を秘めたバッターであっても、手玉にとることができるのだ。

石川のような軟投派のピッチャーを本気で打とうと思うなら、

「どのタイミングでチェンジアップを放ってくるか」

「ランナーを置いたときのストレートとチェンジアップの割合はどのくらいなのか」

など、細かくデータを知っておいたほうがいい。もちろんそれで必ず打てるようになるわけではないだろうが、打てないのなら相手の特徴や傾向を知っておく。無策のままでいるよりも、目の前の状況を打破するきっかけをつかめるはずだ。

2013年10月31日、日本シリーズ・巨人対楽天。ソロ本塁打を放つ村田（東京ドーム）

2018年4月29日、西武対楽天。5回にタイムリーヒットを放つ秋山（埼玉・メットライフドーム）

第5章

優勝するうえで
必要な参謀の能力とは

監督のカラーに合わせて、自分も同じカラーに染まる

この章のテーマである、優勝するうえで必要な参謀の能力とは何か。

まず、監督がどんな野球をやりたいのか。参謀として必ず理解しよう、あるいは知ろうと思わなければならない。

楽天時代の野村さん、巨人時代の原監督、西武時代の辻監督、いずれの監督とも、戦術や戦略においての共通点はない。だが、「オレはこういう野球をやるんだ」という、監督としてのカラーは確実にあった。

参謀が監督のカラーを理解できたならば、いよいよ監督のカラーに合わせて、自分も同じカラーに染まっていく。言うなればカメレオンのように、自由自在にカラーを変えて、監督のサポートする――。それこそ、参謀にもっとも求められるスキルなのである。

これは一般のビジネス社会における、中間管理職と同じ意味合いを持つのかもしれない。

カラーに染まることを「信念がない」と言う人もいるかもしれないが、私は、監督に信念は必要だが、参謀には信念は必要ないと考えている。それよりも、

「チームのトップである監督にストレスを感じさせてはいけない」

という点を常に心掛けてきた。つまり、監督がストレスを感じてしまうような参謀は、参謀として機能していないというわけだ。

たとえば野村さんの場合には、

「オレが必要だと思うデータを、常にストックしておきつつ、試合中は随時、提供してほしい」

と言ってくれた。だから、私も試合までに野村さんが必要とするデータを率先して収集していた。そうして試合中に野村さんから随時飛んでくる質問に対して、すべて答えていたのである。

原監督の場合は、

「こちらが困ったことがあったら、質問する。そのときは遠慮せずに答えてほしい」

と言ってくれた。そこで個々の選手が必要とするデータを与える一方、試合で機能している選手といない選手は誰なのかを、常に目を光らせて見るようにした。

半年以上に及ぶ長丁場のシーズンを、順調に白星を重ね続けられるわけはない。どこかのタイミングで必ずどん底の時期が訪れる。チームが苦境のときに、打開策をどれだけ講じることができるか。原監督の下ではそのことを中心に考えるようにしていた。

辻監督は「采配は自分が奮う。それについて来てくれればいい」というスタンスだったので、私の仕事はかなり減ってしまったが、それでも必要とされたときには期待に沿えられるよう、準備を怠らなかった。

どんなカラーの監督なのか。それは普段からよく話して、つかんでいくしかない。これまでどういう野球人生を送ってきたのか、影響を受けた人は誰だったのか、采配や戦術、選手起用についてはどう考えているのか、その監督の野球観をつかむことによって、「私はこの監督の下ではこういうカラーを出していこう」と判断できるようになる。ここで言うカラーというのは、『仕事』という言葉に言い換えてもよい。

もし自分が仕える監督の「自分はこういう野球をやるんだ」というカラーがわからないままだと、参謀役の私自身が、どんなカラーにしていけばいいのかがつかめないままになってしまう。

もちろん監督の中には、普段からあまりしゃべらない人もいる。

こうしたタイプの監督と同じチームで戦っていくためには、できる限り心を開いてもらおうと、あの手この手でアプローチを試みる。

それで、うまくいかないときもある。しかも、その監督と長い時間を共にした、生え抜きのコーチや選手とは、よく話しているという場面を目撃したこともあった。「1年や2年程度しか在籍していない外様の人とは、あまり話さない」というスタンスだとしたら寂しい限りだが、監督と参謀の心があまりにも乖離《かいり》しているようでは、当然のことながらチームに好影響をもたらすはずがない。

私の場合で言えば、田辺徳雄前監督（西武）のときにはAクラスに入ることができず、助けることができなかったという心残りは今でもある。田辺前監督のカラーをもっと知っておけば、違った結果になったかもしれない。

いずれにしても、監督のカラーを知り、それに合わせて参謀も監督と同じカラーに変化していくことが重要なのだ。まず監督と参謀が一体となる。そして選手と首脳陣、スタッフをはじめ、チームをひとつにまとめる。その結果として勝利に結びついていくのだと、私は考えている。

初めて対戦するピッチャーの攻略法は「初球からバットを振っていくこと」

初めて対戦するピッチャーの攻略法は、初球からバットを振れるかどうかに懸かっている。簡単なように思えて、これがなかなか勇気がいる。

よく巨人は「初物に弱い」と言われている。しかし実際は、他球団も初めて対戦するピッチャーには手こずっていることが多いのだが、これは仕方のないことではある。なぜなら情報が少ないぶん、特徴めいたものをつかむまでに時間がかかるからだ。

初めて対戦するピッチャーだと、だいたいこんなパターンが多く見られる。

まず1打席目に、「どんな球種を投げるのか」「どんな球筋なのか」「どのタイミングで打てばいいのか」といったピッチャーの傾向をつかんでおく。

2打席目になると、1打席目の結果から、自分なりの攻略法を考えながらバッターボックスに立つ。

そして3打席目には、1、2打席目の結果から、狙うべき「球種」と「コース」を定めて勝負する。

こうスラスラ書き連ねていくと、2打席目以降にはとらえられそうな雰囲気があるが、実際には打ち取られてしまうことが多い。なぜなら初対戦ということで、どの打席でもピッチャーのボールをよく見ていこうとするからだ。じっくり見ていくぶん、好球必打でとらえることが難しいのである。

だが、こうした常識を覆したチームがある。それが西武の打撃陣だ。1番から9番まで、彼らはじっくり待って、ボールをよく見るということを一切せずに、とにかく初球からガンガン振っていく。右に左に大きな飛球やライナー性の打球を気持ちよさそうに飛ばしては、ビッグイニングにつなげて勝利してしまうような試合がたびたびあった。

つまり初物のピッチャーを攻略するには、むしろ慎重にならず、初球から「絶好球が来る」と思って、積極的にスイングしたほうが、いい打球が飛ばせるというわけだ。

野球をやっている人ならご存知かもしれないが、どんなピッチャーでも、バッターと対峙すると、ファーストストライクは打ちごろのコースや高さに行く確率が高い。これはピッチャーがもともと持っている感覚がそうさせているのだ。

バッターが変われば体格や高さも変わる。そのため、ピッチャーからすれば、バッターに対する風景も当然違ってくる。そこで1球目はこのあたりに投げてみようと手探りの状態でストライクを取りにいこうとする。「ここに」ではなく、「このあたり」と考えているぶんだけ、ボールがやや甘くなるというわけだ。

バッター目線で立てば、初球が一番甘いボールとなる。それでも簡単に手を出せないのは、「タイミングを測ってから、しっかりとボールをとらえたい」という心理が働くためだ。それゆえに慎重に対処しようと消極的になってしまう。

たとえば巨人の各バッターは、慎重になって、初球は見逃すことが多い。彼らはタイミングを図って、次に来るストライクを確実にとらえようと考える。だが、初球は見逃してストライク、2球目もストライクが来たと思ってスイングした結果、ファールボールを打ってしまうと、わずか2球で追い込まれてしまう。そうなると心理的にはバッターではなく、ピッチャーのほうが圧倒的有利となり、打ち取られてしまう確率が高くなるというわけだ。

先ほども述べたように真逆だったのは西武だ。森、山川、中村らといった中軸を打つバッターは、迷うことなくフルスイングしてくる。これには、『能力』『経験』『勇気』の3つが必要だ。初球から振ってくると、ピッチャーのほうが警戒心を持って投げるようになる。心理的にはバッターのほうが有利になるというわけだ。特に森や中村は、大阪桐蔭高校時代から「初球からフルスイングする」ことを心掛けているので、習慣づいている面もある。

だからこそ、初めて対戦するピッチャーに対しては、私はこうアドバイスしていた。

「あのチームの○○とイメージがかぶる。そのつもりで対処していこう」

具体的なピッチャーの名前を例に挙げることで、初めて対戦するピッチャーだとしてもバッターは想像しやすくなる。そうすれば初球から積極的に向かうことができるし、攻略する可能性も高くなる。

もちろんこのように指導したからといって、すべてがすべてうまくいくわけではない。けれども、初球から積極的に打ちに行った結果、相手ピッチャーは「球威が足りないのか」「タイミングが合っているのか」などと疑心暗鬼になり、そうした心理がネガティブな方向に働いて、気づいたら勝手に自滅してくることもあり得る。

初物と対戦するときには、他チームの誰かに似ているという、具体的なイメージを沸かせてあげて、初球から積極的にスイングさせていく。そうすることで、結果が良い方向に転がる可能性が高くなるのだ。

「相性の悪い選手やチーム」は、あえてそのままにしておく

苦手なピッチャーは、苦手なままでもいい。プロ野球の世界では、相性の悪い選手に対して、こう考えることも珍しくない。どんなチームにも、相性の良し悪しというのは存在する。それが個人の選手の場合もあれば、チーム単位だったりもする。

たとえばDeNAの三浦大輔（現二軍監督）は、阪神戦では圧倒したピッチングを見せていたが、巨人戦になるとコロッと負けることが多かった。それが証拠に、彼は通算172勝（184敗）挙げた中で、阪神戦は46勝、巨人戦はわずか13勝しか勝っていない。

三浦がFA権を行使した2008年、真っ先に阪神が獲得に名乗りを上げた。表向きでは、「三浦の投球術を評価した」と言っていたが、裏では「苦手な三浦を味方にして、横浜戦での負け数を減らす」という意味合いも含まれていたに違いない。

もちろんこうした補強自体、何ら悪くはない。過去のFA補強でこうしたケースはよく見られたからだ。ただし、三浦は熟考に熟考を重ねた結果、残留を決めた。その理由はさまざまだろうが、私からしてみれば率直に、むしろ阪神戦で勝ち星を稼いでいた三浦に

とって、正しい判断だと解釈した。

それでは三浦に苦手意識を持っていた阪神は、なぜ対策を練らなかったのか？　私が想像するに「あえて変えなかった」のではないかと考えている。

たとえば三浦対策を練りに練り上げた挙句、勝ち星を奪えたとする。だが、三浦対策を考えるあまり、それまで得意としていた他のピッチャーが打てなくなる危険性も十分にあり得るのだ。

不思議なもので、微妙にスイングの軌道や、体の開き具合がわずかに変わってしまったりしたことで、「Aというピッチャーは打てるようになったが、Bは打てなくなってしまった」というケースはよくある。

それならば三浦に対して特別な対策を講じるのではなく、あえてそのままにして他のピッチャーを攻略するほうが勝率は高くなる。プロ野球は基本的にひとつのチームと3試合続けて戦う。三浦に負けても他のピッチャーを攻略できれば、2勝1敗で勝ち越せる。阪神の首脳陣がそういう計算をして戦い、より勝ち星を増やしていったほうが、ペナントレースを有利に進められると考えていても不思議なことではない。

このことは昨年のソフトバンクにも同じことが言える。ペナントレースは2位に終わったものの、クライマックスシリーズ、さらには日本シリーズでは巨人を圧倒して4連勝と、力の差を見せつけた。

だがペナントレースではロッテに8勝17敗と大きく負け越した。特にロッテのホームとなるZOZOマリンでは、まったく歯が立たずに終わった。「あれだけの戦力を持っていながらなぜ?」と疑問に思った人も多いはずだ。

しかしロッテに負けるメリットとデメリットを考えたときに、あえて苦手には手をつけず、他のカードで勝てればいいと考えていることだってあり得る。

昨年はダメだったけど、今年は逆の結果になったというケースもよくある。相性をどうとらえるかによって、ときには、「あえて対処しない」という選択肢が正解なこともあるのだ。

プロは一度だけの戦いでは終わらない。選手であれば長くなると十数年、チーム同士であれば何十年と、毎年戦っていかなければならない。その間に選手の巡り合わせなどで相性の良し悪しは変わってくる。良いときはそのままでもちろん構わないが、悪いときであっても考え方の視野を広くしてトータルで計算した結果、チームとしてメリットがあると判断すれば、ひとつの答えとしてアリなのである。

短期決戦ではデータはアテにならない

必要であれば思い切った手を打つ。短期決戦で勝ち抜くための鉄則である。相手チーム、とりわけバッテリーはペナントレースと比べて、大きく配球を変えてくる可能性がある。

私がもっとも印象深いのは、2013年の楽天との日本シリーズである。巨人の戦略コーチだった私は、美馬学（現ロッテ）のシーズン中のピッチングを全試合、チェックしていた。すると、ストレートとカーブ、スライダーの3つを中心にしたオーソドックスなピッチングをしていることがわかった。

そこで私は各選手に、美馬対策として、

「ストレートとスライダーのどちらかに絞ったバッティングをしていこう」

という話をした。そのうえで、どのカウントになるとスライダーを多く投げてくるのか、あるいはストレートはどういうコースに投げてくる場合が多いのか、さらにキャッチャーの嶋基宏（現ヤクルト）の配球の傾向も伝えた。

こうして美馬対策は万全にして試合に臨んだ……つもりだった。

しかし、フタを開けてみれば、フォークボールを多投し、翻弄された。

これには正直、面食らってしまった。美馬のピッチングを調べたとき、フォークボールを投げていたのは全投球数の5%にも満たなかったからだ。

そのうえカーブのキレが抜群によかった。高橋由伸をして、「あのカーブは狙っていても打てません」とお手上げ状態だった。

フォークボールとカーブのキレ、どのコースを狙って投げてくるのか、キャッチャーがどういったカウントから要求してくるのか、試合中に組み立て直さなければならない。けれども、試合は刻一刻と過ぎていってしまうため、対応する前に美馬にしてやられてしまった。

美馬は第3戦で5回3分の2を投げて無失点、最終戦となった第7戦も6回無失点に抑えられ、シリーズのMVPに選ばれた。田中の無敗記録が注目され、第6戦で攻略して、セ・リーグの優勝チームとして面目を保てた一方、美馬にはものの見事にやられたというイメージが強い。

それから2年の歳月が流れ2015年、私が楽天のヘッドコーチに再び戻ったとき、当

時のことを嶋に話したら、

「実はシーズン中、キャッチボールで美馬が遊びでフォークボールを投げたら、ストンって落ちたんです。そこで『もう1回、同じ握りで投げてみて』と美馬に話して投げてもらったら、やっぱりキレが良かった。そこで『このボールはシーズン中には投げないで、日本シリーズまでとっておこう』と決めていたんですよ」

これには苦笑いした。真意のほどは定かではないが、嶋の頭脳にしてやられたと思うのと同時に、あらためて短期決戦を勝ち抜く難しさを思い知らされた気がした。

「1勝のアドバンテージ」は、立場によって変わる

クライマックスシリーズ・ファイナルステージにおける、優勝チームの「1勝のアドバンテージ」は有利に考えられるのか。

私は2009年の楽天（2位からファイナルステージに進出）、12年から14年の巨人（1位からファイナルステージで戦う）、18年の西武（1位からファイナルステージで戦う）の合わせて5回、

ファイナルステージを経験している。

追う立場だった楽天のときは、「1勝の差は重い」と感じていた（クライマックスシリーズのファイナルステージは、1位チームに1勝のアドバンテージがある）。相手の日本ハムは3つ勝てばいいが、楽天は4つ勝たなくてはならない。先勝するために、第1戦をどういう布陣で戦えばいいか、綿密にシミュレーションする。だが、第1戦で負けてしまったら、実質2勝している相手のほうが俄然有利となるので、こちらが少しずつ精神的に追い詰められていく。

結局、日本ハムには1勝4敗に終わり、勝てなかった。この1勝は大きなハンデだと感じながら戦っていた。

それでは1位のチームは、精神的に有利に感じているのか？

私は逆だった。もちろん追い詰められているという感覚はなかったが、第1戦から勢いに乗っていかないと、相手の勢いに飲まれてしまうと危機意識を感じながら戦っていた。

たとえば2012年の中日とのファイナルステージでは、初戦から3連敗して、あっという間に土俵際まで追い詰められた。

ここでチームの全員が、「ここから先は、トーナメント戦のつもりで戦っていこう」と頭の中を切り替えた。つまり、負けたら終わりと腹をくくって戦ったのだ。

その結果巨人が盛り返し、3勝3敗のタイになったところで、「よし、これでイケる」という雰囲気になった。第6戦は4対2で巨人が勝利し、日本シリーズ進出を果たしたのである。

だが2014年、そして西武時代の18年のファイナルステージでは、阪神、ソフトバンクにいずれも4連敗となすすべなく終わった。ペナントレースの調子のよさを取り戻すことなく、何もできずに終わった感が強い。

なぜこのようなことになってしまうのか。あえてひとつ挙げるならば、「短期決戦の勢いに呑まれることなく、普段どおりの力を発揮できるか」ではないだろうか。そこが重要なポイントだと私は見ている。

短期決戦にはよく〝シリーズ男〟と呼ばれる選手が登場する。これは少ない試合数で、想像以上の活躍をしてくれる選手のことを指す。彼らは必ずしもチームの中心バッターやエースというわけではない。下位を打つバッターや、先発で言えば3番手、4番手のピッチャーがシリーズ男になることが往々にしてある。

一方、ペナントレースではリーグ優勝に貢献したものの、クライマックスシリーズや日本シリーズでまったく成績が振るわず、チーム敗退の要因に繋がってしまった選手、いわゆる〝逆シリーズ男〟と呼ばれる選手もいる。

シリーズ男になるか、逆シリーズ男になるか……短期決戦だからこそ、実に紙一重だ。たとえば左中間へいい当たりを打ったと思いきや、レフトに好捕された。次の打席でもセンターに抜けるかという当たりを、ショートに好捕されてアウトになってしまう。いずれもいい当たりだったという事実は残るが、記録上ではアウトになる。そうして数打席、ヒットを打っていないだけで、知らず知らずのうちに心理的に追い込まれてしまう。

反対にレフトとショートの間にフラフラッと上がったフライが、間に落ちてヒットになる。当たりはよくなかったものの、記録上ではヒットであることには変わりがない。第1戦で結果を出せれば、その後は余裕を持ってプレーすることができる。精神的なゆとりがあるぶん、冷静にプレーができるうえ、結果もよい方向に転がっていきやすい。

長丁場のペナントレースだと、4試合から5試合ヒットが出なくても、「また明日、頑張ればいい」と気持ちを切り替えて、自分を鼓舞することができる。けれども、短期決戦は内容よりも結果が重要視される。

ヒットが2試合出ないだけで、「ブレーキだ」とメディアから非難の対象となる。言われた当の本人はどこ吹く風と受け流してくれればいいが、なかなかそういうわけにもいかない。不安が不安を呼んで、さらに打撃が低迷する悪循環に陥ったり、守備や走塁などでイージーミスを犯してしまうこともある。

短期決戦ではひとつのプレーにおける結果が、その後の選手のメンタルの良し悪しを左右する。そのためにも私がよく口にしていたのは、

「ファーストプレーを、いつも以上に集中してこなしてほしい」

という言葉だった。なぜなら初回の守備でリズムよく守れることによって、攻撃にもよい影響を与えると考えていたからだ。

チャンスで凡退に終わろうが、守備でエラーをしようが、選手の頭の中をいかに早く切り替えさせて目の前のプレーだけに没頭させることができるのか——。そのために必要なのは、守備におけるファーストプレーの大切さであるということを、参謀は常に考えていなければならない。

2012年11月3日、日本シリーズ・巨人対日本ハム。日本一を果たし、胴上げされる原監督（東京ドーム）

2013年11月3日、日本シリーズ・楽天対巨人。前日に160球を投げた田中将大が9回のマウンドへ上がり胴上げ投手になった（クリネックススタジアム宮城）

第6章

選手から慕われる指導者、選手から拒否される指導者の違いとは

高卒ルーキーは新しい技術を会得するのではなく、「スカウトが評価した姿」を見せてほしい

高校を卒業したばかりのルーキーは、自分はどんなセールスポイントがあったからプロに入ることができたのか、その原点を見失いがちだ。

甲子園で活躍して、鳴り物入りで入ったルーキーであっても、最初に驚くのが、プロのスピードと技術力の高さである。高校とは比べものにならない、レベルの高い先輩選手たちのプレーを目の当たりにして、「オレはなんて別次元の世界に入ってしまったんだ」と驚く。そして「今の自分のレベルでは到底先輩たちに追いつかない。もっと練習して、今よりもワンランクもツーランクも上の選手になろう」という考えに行きつく。

けれども、実はこれが最大の落とし穴なのである。

たとえば、守備範囲が広く、シェアなバッティングを買われて、プロのスカウトがドラフト会議の前に推薦して指名に踏み切った、という内野手がいたとする。

しかしプロに入って「このままの実力では通用しない」と考えたコーチから、あれこれアドバイスをもらい、そのとおりに練習した結果……どんな特徴があったのか、よくわか

らない並以下の選手になってしまった。

こうなると当然ではあるが、本人が努力の方向性を間違えているので、いい方向に向かうはずがない。

結局、その選手は一軍で1試合も出場することのないまま、数年後にひっそりとユニフォームを脱ぐことになった――。こうなってしまうと、もはや悲惨な結末であるとしか言いようがない。

私は高校を卒業したばかりのルーキーには、こう伝えていた。

「周りからいろいろ言われるかもしれないけど、スカウトが君のプレーを見て、『プロの世界で通用する』と思って獲得したわけだから、まずは高校時代にプロのスカウトが評価したレベルのプレーを、ここでしてほしい」

スカウトが評価したプレースタイルの原点は、高校時代の姿にある。ここを忘れてはいけないし、おろそかにしてもいけない。だが残念なことに、プロに入った時点で、自分が持っている良さをどこかに置き忘れてしまい、ピントのずれた練習をしている選手というのは、プロの現場では多く見受けられる。

プロに入ったからと言って、すぐにハイレベルな技術を身につけられるわけではない。そこを見誤って努力を積み重ねてしまうと、見当違いの方向に行ってしまい、「どうしてこんな選手を獲ったんだ？」

と首脳陣からまったく期待もされない選手になってしまう。一方のスカウトも、

「私が彼を高校時代見ていたときは、こんなプレースタイルの選手ではなかった。どうしてここまで変わったんだ？」

と現場の指導者とスカウトの間で、大きな乖離《かいり》が起きてしまう。これでは誰も幸せにならない。こうした事態を避けるべく、今は現場の指導者とスカウトが一緒になって、育成プランを考えていく球団もある。

このような結果に陥ってしまうのは、選手やスカウトの責任ではなく、明らかに現場の指導者に問題がある。「結果が出るまえに、どうして変える必要があるんだ」としか思えない。

その選手の持っている長所も大してわからず、自分の思い描いている形へ一方的に変えてしまい、「ああでもない、こうでもない」といじり倒す。いじられた選手としてはた

まったものではないが、そうこうしているうちに、その選手の持っていた良さは間違いなく消えてしまう。

だからこそ、プロのスカウトが評価した形、すなわち原点の姿から、スタートさせること。そこで伸ばしていくべき長所や欠けている短所を分析し、適宜アドバイスをしていく。数年の時間を要するかもしれないが、選手のためを思えばこの指導方法が一軍への近道であると、私は考えている。

「選手から慕われない指導者」がやっていること

選手から慕われない指導者の共通点、それは『昔、活躍したことを自慢する人』『細かく指導をする人』である。

前者は野球界に限らず、どこの世界にでも存在するはずだ。「オレが現役のころは……」を皮切りに、過去の自慢話に終始する。聞いている側としては、「すごいですね」と驚いたり、感心してみたりするものの、内心は「そんな話、どうでもいいから早く終わりにしろよ」などと思っているものだ。

けれども当の本人は、そんなこととは露知らず、お構いなしに話のネタが尽きるまで話し倒す。指導者として一番面倒なタイプだ。

後者のようなタイプも、野球界には必ずいる。

「バッティングで構えたとき、手の位置はここがいいんだ。スタンスの位置はこうするといいんだ。ステップして踏み出したときの足の位置は……」

と、一つひとつの動作に対して、まるでクレームを入れるかのごとく細かな注文をつける。こうした指導で大成した選手というのは、私の長いプロ生活の中で一度も見たことがない。

過去に優秀な選手を育てた経験を持つ指導者というのは、「自分が教える際に重要視しているポイント」を必ず持っている。そして、それを細かく言うのではなく、端的な表現でアドバイスを送っている。

「軸足を動かさずに回転しなさい」

「ボールを腰の位置でとらえるように振りなさい」

といったように、「ここだけ気をつけなさい」という言い方をする。すると、選手はひとつだけ注意してスイングするようになるので、集中して練習に取り組めるようになる。

大切なのは、選手にたくさん言葉を掛けてあげることではない。選手が一心不乱に練習できるような環境を、指導者が作り出してあげることだ。細かなアドバイスばかりしていては、気にしなければならないポイントがいくつも出てきてしまうため、かえって選手自身が迷ったり考え込んだりしてしまう。

細部にわたって教え込んだからと言って、選手は必ずしも成長するわけではないということを、すべての指導者は肝に銘じておくべきだ。

今のプロ野球選手は、人間的に丸いタイプが多い

私たちの現役のころを振りかえると、良くも悪くも〝とんがった選手〟が多かった。

特に80年代、それより上の世代のプロ野球選手は独特の個性を持っていて、現役生活を続けていく中で、人間的に角がとれて丸くなっていく、というパターンが多く見られた。

それに比べて、今は入団した時点から人間的に丸いプロ野球選手が多い。

指導する側としては、指導しやすいという利点はある。たとえば昨年、ヤクルトに在籍していたときに、山田哲人と何度も話をする機会があった。彼は非常にまじめで好青年だ。そうした姿勢は、プロ入りのときから今も変わらないと、周囲の人たちも話していた。山田に限らず、ヤクルトの若い選手は、昔のようなやんちゃなタイプはひとりもいなかった。野球の技術や練習への取り組み方について指導すると、きちんと聞く耳を持ってくれる。これほどやりやすいことはない。

今は指導者のモラルが問われる時代だ。もし昔のようにやんちゃな選手の角を取るような指導をすることになれば、「ハラスメントだ」と言われかねない。殴る行為はもってのほかだし、少々きつい言葉を使おうものなら、その時点で指導者として「アウト」の宣告を受けてしまう。

今はコーチに就任する際の契約書の中に、

『指導の中で暴力行為を働くようなことがあれば、その場で解雇する』

という一文を盛り込んだ球団もある。

昔と比べて、技術を教える能力には長けているけど、肝心な「言葉で伝える」能力がない人物はコーチになりづらい。時代や環境、技術の追究、データ量の充実……さまざまな要因によって指導のノウハウが変わっていくのは当然のことだ。しっかりとした土台がありつつも、変化に対して柔軟に適応していける人こそ、プロ野球の世界で必要とされる指導者となれるのである。

技術的な感覚は口では簡単に教えられない

技術を身につけるうえで、感覚的なものは絶対に教えられない。

これは、すべての指導者へ伝えたいことである。

私自身の現役時代もそうだった。右ピッチャーよりも左ピッチャーを得意としていたので、練習時は左投げのバッティングピッチャーに、「できるだけ実戦に近い形で投げてほしい」と要望を出していた。ストレートだけでなく、ときには変化球をまぜてもらったり、あるいはクイックで投げてもらったりしていた。そういう中で左ピッチャーへの対応力を高めていこうと考えていたのだ。

この練習を通じて「右打ちをするときは、できるだけキャッチャーのミットに近いところでボールをとらえる」技術の重要性を認識し、ついに私はそのコツをつかんだ。

もうひとつ、このバッティングをしたときのメリットを発見した。それは、「どんな球種に対しても、最低でもファールボールで逃げることができる」という点だ。

ピッチャー心理として、ファールボールでコツコツ逃げられると、「何がなんでも打ち取りたい」という勝ち気な感情が芽生える。その気持ちが強くなって力むと、制球に乱れが生じやすい。このとき甘くなったボールを確実にとらえるという技術も同時に習得したのだ。

ただしこれらは私が何千回、何万回とバットを振り込んで会得した技術である。その経験を今の選手に口頭で説明したところで、教えを受けた側がそのまま理解できるとは限らない。なぜならその選手と私を比較した場合、体つきや握力の強さ、手首の柔らかさ、体の使いこなし方など、あらゆる面ですべて同じではないからだ。指導する立場にある人間は、その前提条件を認識しておく必要がある。

さらに指導者の中には、

「いいか、こう打てば絶対に身につけられるんだからな」

と『絶対』という言葉を強調して指導する人がいる。私に言わせれば、物事に絶対などあり得ない。絶対というからには、100%という意味合いが強いが、「これを教えれば100%できる」というのは、指導者の大いなる驕りでしかない。

また、無意識で身につけた感覚というのも、私はあまり信用していない。無意識で身につけた感覚は、時間が経つと体が忘れてしまう。それは身につけたのではなく、たまたまできたに過ぎない。「こうしてみよう」と意識しながら身につけた感覚だからこそ、〝技術を会得したことになる〟のだと、私は考えているのだ。

だからこそ、自分が得た技術を選手に伝えるときには、こう話すようにしていた。

「あくまでもオレの場合だが、キャッチャーミットの手前でボールをとらえる練習をやってみたら、右打ちの技術を身につけることができたんだ」

強制した言い方ではなく、「あくまでもオレの場合」と、断りを入れておく。繰り返しになるが、私と同じ感覚でそっくりそのまま打てるわけではないと考えているからだ。

ただし、「キャッチャーミットの手前でボールをとらえる」と伝えておけば、選手はできるだけ目線なりスイングなりを意識した練習を取り組めるようになる。その先は練習を重ねて、自分の力で技術を会得していくしかないのだ。

「愛のムチ」など、この世には存在しない。あるのは憎しみの感情だけだ

昔は殴る指導、つまり体罰は当たり前だった。しかし今は決して許されない。これには私も同意する。なぜなら、「愛のムチ」などこの世に存在しないと考えているからだ。選手のためを思って技術の指導をしているものの、思うようにうまくいかない。向上しない技術にイライラが募り、「コノヤロー」と殴る。

ここに愛はあるのだろうか？　と聞かれれば、私は「ない」と明言する。

私もプロ入りしてからコーチによく殴られた。今思い返してもそれが愛のムチだったとは思えない。受けた側も「コノヤロー」という憎しみの感情しか生まれなかった。

殴られた原因は次のようなことだ。

「練習中、決して手を抜いていたわけではないのに、『手抜きに見えた』から」

「試合中、覇気がない。ダラダラやっている」

ときにはグラウンド上のファンの見ている前で殴られた。時代が時代だったと言ってしまえばそれまでだが、当時はあまりにも理不尽だ、そういう思いしかしなかった。

その後、殴った指導者が口にするのは、決まって次のセリフだ。

「お前のためを思って殴ったんだ」

どの口が言うのか、私はこのセリフを口にする指導者には、失笑を禁じ得ない。いわゆる「愛のムチ」という言葉は、単に指導者が言い訳の口上に使っているだけに過ぎない。

たとえば殴られた側の選手からしてみたら、殴られたことが脳裏に深く突き刺さっている。そんな人に、野球に関することを相談してみようと考えるものだろうか？　私ならば、

「あの人に相談しても、逆ギレして殴られるだけだ」

と判断し、絶対に相談をしない。

繰り返しになるが、今の時代、かつてのような鉄拳制裁は許されない。「今どきの若い人は……」という人ほど、自分のスキルが今の若い人たちにマッチした教えをしているのかどうか、検証していない場合が多い。

指導したことが思うようにできないからと言って、殴ってしまえば何も解決しないどころか、状況が複雑になってしまう。だからこそ、指導者と呼ばれる人は、常日頃から自己研鑽を積んで、『言葉のストック』をたくさん用意しておく必要があると、私は考えている。

目指すなら「選手から声を掛けられる指導者」だ

選手に声を掛けるのではなく、選手から声を掛けられる指導者でありたい。私は常にそう思っている。

指導者と選手というのは、どうしても一定の距離が生じてしまう。これはある意味、仕方のないことだ。ただし、その距離を無理に縮めようとして、指導者のほうから近寄っていくと、選手の心はむしろ離れてしまう。

たとえば選手が自分で意欲的に練習に取り組んでいるにもかかわらず、良かれと思って指導者が横やりを入れてしまうと、表面上はウンウン頷いて聞いていても、内心は「アドバイスされるのは今じゃないですから」と聞き流してしまっていることが多い。

そうした選手心理に気づいていない指導者も実際にはたくさんいる。

メジャーリーグの世界には、『教えないコーチが名コーチ』という格言がある。この言葉は真理を突いている。選手のほうから質問してくるときこそ、指導者が指導力を発揮する最大のチャンスなのである。なぜなら選手が「わからないことがあって、どうしても答えを知りたい」という理由が根底にあるからだ。このとき、指導者は選手が納得するような、ベストな答えを見つけてあげられるか。ここが極めて重要だ。

西武時代の浅村栄斗がまさにそうだった。私が２０１５年の秋に西武に入団したときの浅村は、チームの中軸を打つバッターとして期待されていた。彼は人見知りでシャイな性格である一方、ひとつの物事を深く考えるタイプだった。

当初は、私と浅村が接点を持つことはほとんどなかった。だがシーズンが始まって３カ月以上経ったときだったと記憶しているが、彼のほうから突然、「聞きたいことがあります」と私に言ってきた。

「どうしたんだ？」と聞き返すと、こう質問してきた。

「ワンアウト三塁という場面で打席が回ってきたとき、チームバッティングに徹するべきか、思い切りフルスイングしたほうがいいのか、迷っているんです」

聞けば同じチームの高校の先輩である中村剛也はランナーがいなくても、あるいは得点圏にランナーがいたとしても、常にフルスイングすることを心掛けている。その結果がホームランだったり、逆に三振で終わる場合もある。

だが、浅村はどんなときにもフルスイングするのではなく、状況に応じてチームバッティングをするのがベストなのではないか、と思うようになっていたのだ。

つまり、ワンアウト三塁という場面が訪れたら、セカンド方向に打球を打つ。あるいは高めのボールを狙って、外野へ飛球を飛ばして犠牲フライにする。いずれも共通しているのは、「1点を取る」という意識だ。

中村のようなバッティングであれば、2点取ることができる。満塁でホームランを打とうものなら、一挙に4点が入り、ビッグイニングとなる可能性もあるが、三振してしまえば、結果的に0点で終わることだって考えられる。

大量得点を狙うようなバッティングがいいのか、それとも確実に1点を取るほうがいいのか、どちらがチームにとってメリットが大きいのか、浅村は悩んでいたのだ。

そこで私はこう返した。

「状況によっては、一発を狙ってもいい場合がある。でも1点を争うような展開の場合は、セカンド方向にゴロを打ったりして、チームバッティングをしてくれたほうがありがたいよ。『4点か0点か』という博打を打つより、『確実に1点取れる』ほうが、チームとしては心強い。野球は相手よりも1点でも多く点を取っていれば勝てる競技なんだ。そのことは絶対に覚えていてほしい」

そして、このときにソフトバンクの内川聖一の話もしてあげた。彼は常に長打を狙うようなバッティングはしていない。ヒットを打つことよりも、相手より1点でも多く点を取って、チームの勝利を第一に考えたバッティングのできる選手だ。右打ちはもちろんのこと、状況に応じてゴロや犠牲フライを打てるだけの高い技術力を持っている。こうした選手が、チームの主軸でいるととてもありがたい。

そう伝えると、

「わかりました。僕もこれからはチームのことを考えたバッティングをするようにします」

と浅村は答えてくれた。

それからの彼の成績は目ざましいものがあった。2015年81打点、16年82打点だったのが、17年99打点、18年127打点と、一気に打点が増えた。もともと高い技術力を持っていた彼にしてみれば、チームバッティングを行うことは、朝飯前だったのだろう。

この会話をして以降、得点のチャンスで浅村がバッターボックスに入ると、私は「ここは最低でも1点は入るな」と確信していた。実際にそのとおりになった。高い技術を持った、これほど計算のできる選手がいることは、首脳陣のひとりとして非常にありがたいと感じていた。

このように選手のほうから話してきたときは、「本当にコーチへ聞いてみたいことがある」タイミングだ。指導者は聞く耳を持って、適切なアドバイスをしてあげなくてはいけない。そのためには、日々野球の勉強をしているだけでなく、選手の練習や試合での内容を、詳しく把握しておく。「いつも見ているんだぞ」、という姿勢が相手に伝われば信頼へ変わり、実践してみようと、前向きにとらえてくれるものである。

「コーチから教わったことは何もない」という選手側の心理を考えてみる

名コーチと呼ばれる人は、選手から感謝されるほどの指導をしているのだろうか？

名選手を育てたコーチは得てして名伯楽と称されるが、当の選手本人に聞くと、「大して指導してもらった覚えはないですよ」と言う場合がほとんどだ。実際は建前でそう語っているだけということも多い。

私も現役時代の同僚や後輩に、そして指導者になってからは選手たちに、

「○○コーチは名コーチって言われているけど、教わったことって何かあったか？」

と聞いたことがあった。そのとき、

「特にああしろ、こうしろなんて言われなかったですね」

と返ってきた。つまり、いじられなかったというわけだ。

反面、選手にあれこれ指導したがるコーチもいる。コーチにしてみれば、手取り足取り教えて、何とか一軍で活躍してもらいたいという願いがあるから、親身になって指導しているつもりなのだろう。

けれども選手からしてみたら、これが一番やっかいなのである。

たとえばバッティングは、本人の持っている感覚が重要だ。つまりコーチがどんなにアドバイスをしたところで、教えられている本人が、

「それだと打てないんだよな……」

と違和感を覚えてしまったら、それは教え方が合わないという事実を証明しているようなものである。本来であれば、この時点でコーチは指導をストップするべきなのだが、事はそうそううまく運ばない。

「いや、絶対にもっとよくなる。だからもっと教えなきゃいけないんだ」

　とドツボにはまってしまう。結果、負のスパイラルとなって、教えられた選手は混乱を極め、いったい何をどうすればよかったのかがわからなくなってしまう。こんな指導者に当たってしまった選手は、もはや悲劇でしかない。

　教えないことで、選手の持っている良さを壊さないという考え方もある。少なくとも、チームの中心となった選手を評して、「彼は私が指導した」と吹聴しているようなコーチほど信用できない。これは指導者の完全なエゴであり、自己満足なのである。当の選手本人は、波風立てるくらいなら、

「あのコーチにはお世話になりました」

　と建前で感謝の意を述べているだけだと思っておいたほうがいい。コーチはその選手を育てたと考えているのかもしれないが、選手にしてみれば勝手に育ったと考えているものだ。一軍で活躍したいから、試行錯誤して取り組む。その積み重ねの中でコツをつかみ、並みいるライバルを押しのけてレギュラーの座をものにしていく。

　だからこそ、コーチは選手が伸びていくうえで、邪魔な存在にならないように、遠くからじっと見守ってあげるだけでいいのだ。選手から何か聞かれたら、質問に答えるという

スタンスを保つのが、ベストな距離感だと私は考えている。

選手によってアドバイスの仕方を変えない人は、ダメな指導者の典型である

選手によってアドバイスの仕方を変えていく。これはごく当然のことである。その理由は、それぞれ持っている特徴が違うからだ。ここで言う特徴とは、「能力」と言い換えてもいい。

よく「あの人の指導はハマる人はハマるけど、そうでない人はサッパリだよね」というタイプの指導者がいるが、これは指導者が指導方針を一貫して変えていないからである。よく言えば、信念がある、悪く言えば、頑固で融通が利かない。こう解釈できる。

人にはそれぞれ個性がある。その点を理解せずに、自分の指導方針だけを理由に指導しているようでは言葉は悪いが、指導の押し売りになってしまう。

たとえば巨人に在籍していたとき、坂本と長野久義（現広島）からバッティングについて相談を受けた。私は彼らそれぞれに違う視点で、アドバイスを送っていた。

まず坂本の場合、特に伝えていたのは球種の絞り方である。イニング、アウトカウント、ボールカウント、ランナーの有無、得点差、相手ピッチャーの力量などから、

「この場面は変化球が多くなるから、それを狙っていけ」

「ここは間違いなくストレートで勝負してくる確率が高いだろうから、追い込まれるまではストレート狙いで行ったほうがいい」

と、状況に応じたアドバイスをしていた。

これに対して、長野の場合は坂本のように、球種の絞り方の話はしなかった。彼にはボールの目付けの位置はどこにしたらいいのかという話を多くした。

長野はバッターボックスから離れて構えている。そこを弱点だと考えた相手バッテリーは、追い込んだらアウトコースへストライクからボールになるスライダーを投げてきて、バットがクルリと回って三振……いうケースがしばしばあった。つまり彼に対しては、いかにボール球を振らないようにすればいいか、という話に時間を多く割いていた。

長野は坂本のように、配球を読んで打つタイプではない。来たボールを何も考えずに、素直に打ち返す、いわゆる天才肌の選手だった。こういった選手には、坂本と同じようなアドバイスは、かえって逆効果なのである。坂本にしても然りだ。長野のようなアドバイ

スをしたところで、自分には合わないと拒否反応を示されてしまうのがオチだろう。

そのことを理解せず、

「私はこの考え方が正しいと信じている。だからあなたもそうしてみなさい」

と半ば強制的に指導していては、ハマる選手とハマらない選手の2つのタイプが出てきてしまう。これは当然の結果と言える。

だが、こうした指導しかできない指導者は、自分の指導がハマらない選手に対しては、

「オレがこれだけ言っているのに、アイツは思うとおりにやってくれない」

などと非難しだすから、タチが悪い。挙句の果てに、「どうして言われたとおりにできないんだ！」と叱責してしまう。私に言わせれば、こんなものは指導でもなんでもなく、単に自己欲求を満たすための行為としか思えない。

人の性格が十人十色であるように、プロ野球選手も十人十色のプレースタイルを持っている。坂本のように配球を読んで打つバッターもいれば、長野のように体が勝手に反応して、来たボールをそのままポーンと打ち返すバッターもいる。どちらのタイプもあって然るべきなのだ。

「オレはこういう教え方しかできない」という指導者では、自分とは異なる能力を持った

選手を育てることはできない。

だからこそ、指導者はひとつの指導法だけでは当てはまらない場合もあることを、念頭に置いておく必要がある。さまざまなタイプの選手がいるのと同じように、指導の答えは無数にあることを、忘れてはならない。

指導者の適正があるかどうかは、現役時代の過ごし方でわかる

よい指導者になれるかどうかは、現役時代の過ごし方でわかる。特に晩年にさしかかったとき、チームのことをどれだけ考えられるかで評価される。

すでに紹介したように今、西武で二軍監督を務めている松井は、西武で現役を終えた最後の年も、自分よりもチームのことを優先に考えていた。

彼ほどの実績を残すと、「オレが一番だ」と振舞ってもおかしくないが、そうした素振りは一切なかった。日本にとどまらず、メジャーという大舞台を経験したことで、自分は

チームにとって、どういう存在であるべきかを考え、代打や代走もいとわず、懸命にプレーしてくれた。

現役引退後は、二軍監督を務めているが、これは球団のフロントが「チームのために献身的になる」という彼の心の部分を評価してのことだろう。さらに経験を積んで、よい指導者になってほしいと願うばかりだ。

反対に評価されないのは、現役時代に自分のことしか考えられなかった選手である。プライドが高く、傍若無人に振舞い、周囲を困らせる。こういう選手は成績がいいときはフロントからもおだてられるが、内心は「まあ、今のうちだけだ」と思われているものだ。やがて力が落ちて引退した後は、球団は決して面倒を見ようとしない。「現役時代、あれだけ横柄に振舞っていた人材を残すなんて、百害あって一利なしだ」と評価されているからだ。

しかし当の本人は、この時点でもまだ気づかない。さらに時間が経ったときに、初めて自分のこれまでしてきた行為を悔やむことになるのだが、時すでに遅しである。

どこの誰とは言わないが、こうした元選手はいる。球界を代表するほど有名な元選手、偉大な記録を達成した元選手など、どんなに突出した成績を残しても、人間性の部分で問題があれば、球団は指導者として残すことはまずない。

自分中心でプレーしてきた選手は、仮に指導者になれたとしても、自分が教えたとおりにできないと、これまでさんざん語ってきた「なぜオレの言ったとおりにできないんだ！」と激高するタイプになりがちだ。

それに野球の技術ではなく、夜の遊びを教えるようなことだってあり得る。それだけに現役時代の素行はどうだったのか、周囲に気を遣える人間だったのか、野球に対する取り組み方を球団の人間は非常によく見ている。

野村さんはよく、「プロ野球選手は、旬の時間が短い。特に30歳を過ぎたら、身の振り方を考えた生き方をしなければならない」と言っていた。一般のビジネスマンで30代半ばから後半と言えば、仕事をしていくうえで非常に脂の乗った時期である。

だが、プロ野球選手は現役を引退する、もしくは引退を考える時期である。一朝一夕で指導者になるための素養など身につかないからこそ、現役時代の過ごし方が大切になってくる。

2018年10月21日、ＣＳファイナルステージ・西武対ソフトバンク。この年で現役引退した松井稼頭央。遊撃の守備位置に手を置く（埼玉・メットライフドーム）

2009年4月29日、楽天対日本ハム。完投した田中将大から、監督通算1500勝のウイニングボールを受け取る野村監督（クリネックススタジアム宮城）

西武に作戦コーチとして来た1年目の2016年。
春季キャンプで指導にあたる（宮崎県日南市）

おわりに　～もうひとりの『恩師』へ～

野球界で指導者としての土台を作れたのは、野村さんのおかげである。一方で、私を指導者として球界に復帰させてくれた恩人がもうひとりいる。ヤクルト、阪神での野村監督時代に、マネージャーや二軍監督、ヘッドコーチとしてサポートしていた松井優典さんだ。松井さんは和歌山の星林高校で、1968年に春夏の甲子園に出場した後、その年のドラフト3位で南海に入団。レギュラー獲得とはならず、移籍先のヤクルトで79年に引退。その後は球団スタッフとして、チームを支えた。

私自身もヤクルトに入団したときから、松井さんには何かとお世話になっていた。99年の秋、日本ハムを自由契約になって引退を考えていたとき、

「阪神の入団テストを受けてみないか」

と声を掛けていただいたのも、松井さんだった。その声に誘われるかのように、阪神のテストを受けて入団が決まったものの、選手としてやり尽くした感のあった私は、翌2000年で現役を引退。その後は自宅のある兵庫県西宮市の近くで、ゴルフショップの経営に勤しんでいた。「野球以外のこともやってみたい」と思い、本気でプロゴルファー

を目指し、しばらくの間はプロ野球の世界から距離を置いていた。

ゴルフショップの経営も軌道に乗り、順調だった04年の秋、松井さんがひょっこりお店にやってきた。実は松井さんは、ゴルフショップをオープンして以降、毎年のように来店され、小一時間ほど世間話をして帰っていかれた。このときもてっきりいつもと同じかと思いきや、真剣な表情でこう切り出した。

「来年、楽天という企業が新しくプロ野球チームを作ることになった。どうだ、手助けしてくれないか?」

この年、近鉄が球団の所有する権利を手放し、1リーグ制になるか否かで、球団オーナーと選手会が衝突していた。ヤクルト時代の同僚だった古田敦也が選手会長としてさまざまな協議を続けた結果、球界初のストライキを決行。日本中のプロ野球ファンを巻き込んで大騒動となっていたことはさすがの私も知っていた。

その結果、IT関連企業の楽天がプロ野球球団を持つことが決定されたのだが、松井さんの思いもよらない話に、正直戸惑った。何せプロ野球の世界から離れて4年が過ぎ、テレビであまり見ることもなく、指導者になるために勉強していたわけでもなかったからだ。

私は松井さんに正直な胸の内を明かした。野球界から離れて、指導者としてノウハウを学んだこともなければ、お店の経営が順調で、朝から晩まで接客に明け暮れていたこと。ときには理不尽な思いをすることもあったが、それもいい経験だと思って、日々勉強の毎日を送っているということ。

現状をありのままに話せば、あきらめてくれるのかなと思っていたら、松井さんの反応は違った。

「それでいい。いい経験を積んでいるじゃないか。これからの野球界は、『野球のことしか知らない』という人間は、淘汰されていくと思っているんだ」

「えっ、どういうことですか?」

私が不思議そうな顔をしていると、松井さんはこう続けた。

「接客で人の心の機敏さをつかむ。指導者も一緒だ。監督や選手が考えていること、どうすれば相手の要望に応えてあげられるのか。指導者として必要な経験を、お前は積んでくれた。

実は毎年、このお店に来ていたのは、橋上が元気にしているかを見ておきたかったからというのもあるんだけど、順調にお店を経営しているのか、それも見ておきたかったんだ。人間的に揉まれていることも知っていたし、お前はいい指導者になれるよ」

松井さんの話に、そういう考え方もあるのかと納得してみたものの、すぐに返答はできなかった。少しだけ時間をもらって、あらためて松井さんに返事をすることにした。

そもそも私はプロ野球界に入ったときに、「引退したら野球界に残ってコーチになろう」などと、一度も考えたことはなかった。私が現役当時のプロ野球界の指導者と言えば、恫喝や暴力は当たり前。今でいう、パワハラが平然とまかり通っていた時代である。「あんな指導者にはなりたくない」と思いながらプレーしていた時期もあったくらいだ。

一方で、ゴルフショップを経営してみて、お客さんを通していろいろなことを学ばせてもらった。「それは無茶でしょう」という理不尽な要望を突きつけるお客さんであっても、できる限り叶えてあげなくてはならない。そうして本人の望みどおりにしてあげると、「してもらって当たり前」というお客さんもいれば、「ありがとう！　また何かあったらよろしくお願いします」と常連のお客さんになってくれる人もいた。

それだけにとどまらず、他のお客さんも何人も紹介してくれて、お店は活気づいていった。そうしたお客さん一人ひとりの対応の積み重ねが、お店の堅実な経営につながっていったという事実もある。

この経験が指導者として役に立つというのなら、クビと言われるまでお世話になってみるのもいいかもな――。そう考えて、松井さんに「よろしくお願いします」と返事をしたのだ。

あれから16年。今、私はユニフォームを脱いで、野球評論家と9年前にお世話になったBCリーグの新潟で総合コーチという肩書の二足のわらじを履いて活動している。

足かけ14年に及ぶ指導者人生は非常に濃いものとなった。セ・パ両リーグで4度の優勝を経験し、日本一も一度味わった。名将と呼ばれる監督は何を考えているのか、あるいは一流と呼ばれる選手はどんなことを考えてプレーしているのか、そうした心の内を知ることができ、私の指導者人生において大きな財産となった。

同時に、指導者の考え方や選手の気質も、15年前に比べると大きく変わった。殴る指導などもってのほかで、言動にも気をつけなければならない。過去の武勇伝や、自身の経験則だけに基づいた指導者は、今後ますます淘汰されていくはずだ。

選手についても、素直で柔軟性に富んだ考え方をしている選手が多くなった。それだけに、指導者が選手を指導するときには、〝根拠〟がなければならない。

「自分はこうやったから成功した。だから言われたとおりにやりなさい」

これでは、まったく持って根拠が見当たらないし、そんな指導をしたら今の選手たちからは間違いなくそっぽを向かれてしまう。それだけに選手を指導する立場にある人間は、日々勉強を積み重ねていき、指導者としてのスキルを磨いていかなくてはならない。

このことは、もちろん私自身も当てはまる。指導者の面白さもさることながら、難しさというのも身をもって体験した。それだけに自己研鑽を重ねていき、将来NPBのユニフォームを再び着る機会があったときには、実力を思う存分発揮したいと考えている。

2020年4月

橋上　秀樹

RAKUTEN
78

橋上秀樹（はしがみ・ひでき）

1965年、千葉県船橋市出身。安田学園から1983年ドラフト3位でヤクルトに捕手として入団。野村克也氏がヤクルトに就任して以降は、外野手として一軍に定着。92年、93年、95年のヤクルトのセ・リーグ優勝に貢献した。その後、97年に日本ハム、2000年に阪神と渡り歩きこの年限りで引退。2005年に新設された東北楽天の二軍守備走塁コーチに就任し、シーズン途中からは一軍外野守備コーチに昇格。07年から3年間、野村克也監督の下でヘッドコーチを務めた。2011年にはBCリーグの新潟の監督に就任。チーム初となるチャンピオンシリーズに導いたものの、この年限りで退団。12年から巨人の一軍戦略コーチに就任。巨人の3連覇に貢献した。また、13年3月に開催された第3回WBCでは戦略コーチを務めた。巨人退団後は15年から楽天の一軍ヘッドコーチ、16年からは西武の一軍野手総合コーチ、一軍作戦コーチを務め、18年の西武のパ・リーグ優勝に大きく貢献した。19年は現役を過ごしたヤクルトの二軍野手総合コーチを務めた。2020年より新潟の総合コーチを務める。10年に出版した著書『野村の「監督ミーティング」』（日本文芸社）は、12万部を超えるヒット作となった。

企画・構成　小山宣宏
ブックデザイン　山之口正和（OKIKATA）
DTPオペレーション　貞末浩子
カバー写真提供　株式会社新潟アルビレックス・ベースボール・クラブ、
Getty Images
本文写真　株式会社時事通信社フォト
編集協力　能見美緒子
編集　滝川昂（株式会社カンゼン）
企画協力　株式会社新潟アルビレックス・ベースボール・クラブ、
株式会社北海道日本ハムファイターズ

打撃伝道師
神奈川から甲子園へ――県立相模原で説く「コツ」の教え

著: 佐相眞澄 〔 定価: 1,600円+税 〕

2019年夏の甲子園、神奈川大会で横浜を撃破して話題に! 激戦区・神奈川で強豪私学に打ち勝つ進学校。強い個を育て束の力で大きな成果を生み出す佐相流指導論

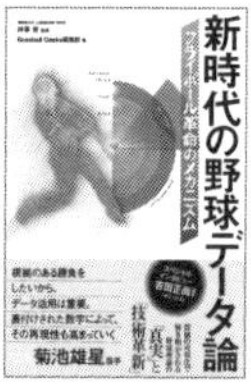

新時代の野球データ論
フライボール革命のメカニズム

著: Baseball Geeks編集部 監修: 神事努 〔 定価:1,600円+税 〕

プロ野球選手・関係者注目のWebメディア「Baseball Geeks(ベースボールギークス)」が書き下ろし! 最先端のデータとスポーツ科学を駆使し、野球の真実が詰まった一冊。

新しい少年野球の教科書
科学的コーチングで身につく野球技術

著: 川村卓 〔 定価: 1,700円+税 〕

プロ指導者も学ぶ野球コーチングの基本。ジュニア年代に特化した年代別指導メソッド。すべての教え方には、明確な根拠がある! 科学的理論に基づき、年代別の野球指導を体系化。

指導者のエゴが才能をダメにする
ノムラの指導論

著: 野村克也 〔 定価: 1,600円+税 〕

違いだらけの野球観を捨て、『本物の野球』を学べ。選手一人一人の将来に向けて、勝ち負けだけにとらわれず、どのように教えるか。指導者としてあるべき姿、基本をまとめた1冊。

「育てて勝つ」はカープの流儀

著: 坂上俊次 〔 定価:1,600円+税 〕

球団創立70年、強さの礎は、いつの時代も変わらず。名選手を輩出する土壌、脈々と受け継がれる"育成術"について、カープ戦実況歴20年の名物アナウンサーが徹底取材。

常勝チームを作る「最強ミーティング」

プロ野球監督に仕える「参謀」の役割

発　行　日　　2020年6月5日　初版

著　　　者　　橋上 秀樹
発　行　人　　坪井 義哉
発　行　所　　株式会社カンゼン
〒101-0021
東京都千代田区外神田2-7-1 開花ビル
TEL 03(5295)7723
FAX 03(5295)7725
http://www.kanzen.jp/
郵便為替 00150-7-130339
印刷・製本　　三晃印刷株式会社

ISBN 978-4-86255-556-4
Printed in Japan
定価はカバーに表示してあります。

ご意見、ご感想に関しましては、kanso@kanzen.jpまで
Eメールにてお寄せ下さい。お待ちしております。